接受的藝術

不與現狀之河對抗
獲得情緒自由與力量

THE ART & POWER OF ACCEPTANCE

BY ASHLEY DAVIS BUSH

愛希麗・戴維斯・布希——著
陳思穎——譯

目錄

在心理學中，「接受」意即一個人認可某件事的真實樣貌，也就是認知到某個過程或處境（通常是負面或令人不快的情況），但不試著改變或抗拒。這個概念類似「承受」（acquiescence），此詞源於拉丁文acquiēscere，意即「求得安寧」。

—— 維基百科

前言

“如果要我給「啟蒙」下個簡單的定義，
我會說，那就是默然接受現狀如是。”

—— 偉恩．戴爾（Wayne Dyer）

有天我和一名好友共進午餐，一面沾著藍紋乳酪醬吃義大利餃子，一面聽她說新職涯教練給了她一個功課，要用一個詞描述自己的事業。

「你聽過『電梯簡報』吧？」她問。我聽過，意思是要在搭電梯的短暫時間內，以扼要但有力的方式自我介紹。然後她說：「嗯，這比較像是『電梯門快要關上了的簡報』。」

有意思。她接著解釋，這個練習的意義不是要自我行銷，而是幫助自己掌握本質。藉由把工作精煉成一個詞，你就能找到事業的核心與目標。

這位朋友的職業是教導歌唱與演講，她找到的詞是「聲音」。她參加了一個創業互助社，裡頭有位醫生找到的詞是「治療」，一名財務顧問的詞是「財富」，還有位珠寶設計師的詞是「裝飾」，一名餐廳老闆則是「營養」。

「你覺得什麼詞可以總結你的事業？」她繼續說：「是『改變』嗎？」

嗯……改變。確實，大家來找我往往是因為身處危機，急於改變。由於遭遇特定的契機，比如情感強烈得不堪負荷、關係面臨極度艱鉅的挑戰、身陷無可忍受的境遇，於是向我求援。

三十多年來，我處理過哀慟、孤獨、焦慮、關係不和、憂鬱、壓力，回顧這一切，我恍然明白，雖然「改變」經常發生，卻並非我事業的核心。迎來改變之前，存在另一個更基本的東西，儘管更加隱晦幽微，卻終將引發更強大的解放感。

「我想我的詞不是改變。」我啜著咖啡說，停下來思索半晌。「我的詞是『接受』。」

朋友不可置信地搖頭。「接受？但案主來找你不是為了改變嗎？」

我答道：「弔詭的是，一個人有意識地決定接受時，一切都會開始改變。」

那晚，我反覆思量「接受」的本質：面對現狀，與真實共處。我了悟到，這個詞不僅貼切描述我這份工作的關鍵，如果想追求平靜與身心圓滿，這說不定也是人生中最出人意表也最強大的技能。令人驚訝的是，主動接受能解放你的情緒。

解放之旅

然而，如果你正在生活中受苦，大概不想聽人說什麼接受。就連此刻，你搞不好也在想：*等一下，我現在悽慘無比、受盡折磨，只想快點好起來。要是我接受原原本本的現實，那什麼也不會變，我只會在絕望中愈陷愈深。*的確，接受乍看之下一點也不厲害，不像「喜悅」與「幸福」有種純粹的動人，不像「樂觀」或「堅韌」那般充滿希望，更不像「成功」或「蛻變」那樣有說服力。殊不知，「接受」恰恰是通往上述所有事物的道路。

其實，接受之所以背負惡名，是因為大家經常誤以為接受就是認命、認輸，或是更糟的——徹底放棄。可是，接受不等於容忍不當對待、姑息不公不義，或任憑疾病纏綿；接受也不等於你認同或有那麼一丁點喜歡現狀。接受是以冷靜

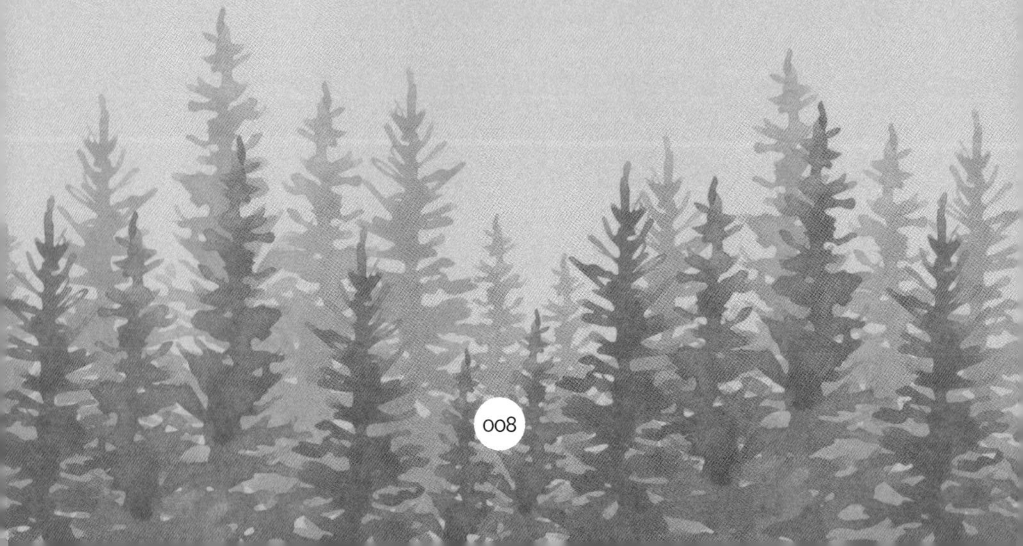

的態度直面現實，調整觀點，化解掙扎，停止反抗，使你看清前方的路。

本書邀請你以不同觀點看待接受，讓你敞開心胸，擁抱另一種人生之道。你必定會發現，接受不代表放棄或原地踏步，反而是主動接納感受與處境，然後開啟更多可能。**接受意味著轉換思考方式，獲得各種能帶來恆久內在平靜的體驗。**

我們都曾奮力逆流而行——排斥艱困的處境，希冀事態並非如此，懊悔說過或未曾說過的話，批判自身的缺陷。多年來，我們拚命掙扎，強硬地企圖改變自己、他人、當下境遇，甚至是過去；殊不知，接受才是使人保有理智、獲得智慧的途徑。接受讓我們提升至更高層次，令視野更加開闊、洞察更加清晰，能夠坦然地如實接納眼前風景。**在這一刻，你將迎來各種可能。**

放掉繩索

想像你身在一片美麗原野，手中有條繩子，正在拔河。對面是個蒙面的人影，也在使勁地拉，於是你更用力拉回來。你的對手其實就是人生，將你扯向不喜歡或不想要的局面：塞車、發胖、排隊的人龍、討厭的上司、酗酒的媽媽、癌症診斷報告、意料之外的死訊。不！我受不了！不管是令你略感煩躁的情況、痛苦不堪的遭遇，甚至是那個煩人的傢伙，通通都不是你要的，卻毀了你的生活。你用更大的力氣扯動繩索。

你心想：只要夠用力拉，這條該死的繩子就不會亂動，就會乖乖聽我的話。

問題在於，人生這個你眼中的敵人永遠拉得比你用力，繩索永遠不會靜止不動。各種事件接踵而來，全是你不想要、不曾希求、無力阻止的事，有時令你極其挫折、疲憊、痛苦，甚至肝腸寸斷。佛教用一個詞描述這個狀況：四聖諦中的「苦諦」，即承認人生之苦。

可是，假如有辦法終結這場奮戰呢？假如你能就這麼停止與拉力對抗，放鬆下來呢？假如有個簡單的方法能幫助你放手呢？想像看看，假如雙手不再因緊握繩索而發疼，那種輕鬆感是多麼美好——只要鬆開手指，目送繩子順著自然的曲線彈回。對，就放手吧。只要接受人生的原貌，不再拉扯手中的繩子，就能乾脆在原野上坐下……身心處於平和……還能聞聞花香。

本書就是要教你如何放開那條繩子。你會了解接受所蘊含的藝術，掌握足以改變生命的力量，邁向更加安適暢快的人生，用不著再繞彎路。在你用充滿創意、獨一無二的方式實踐這趟旅程時，接受的藝術早已蘊藏其中。隨著你和自己、和生活培養出更溫柔的關係，你將發現接受的威力不言自明。

“在超脫是非善惡之處有片綠地，
我在那裡等你。”

——魯米

接受能改變一切

多年前，我曾有兩位案主莉迪亞和珊曼莎，兩人都年近五十，而且痛失兒女。儘管她們互不相識，生命經驗卻近似得驚人。

接受心理治療的三年前，莉迪亞年僅二十歲的愛女過世。她女兒多年來深受海洛因成癮之苦，後來在勒戒所的治療見效，毒癮看似好轉，接著卻在某個夏夜因吸毒過量驟逝。

同樣在三年前，珊曼莎則是因為一場車禍痛失十八歲愛子。當時他剛高中畢業，前程似錦。車禍起因是對方酒駕肇事，她的兒子當場死亡。

然而，喪子之痛並非莉迪亞與珊曼莎唯一的共通點。兩人兒時都遭受性侵，犯人分別是叔叔和鄰居；體重都略略超過正常標準，患有第二型糖尿病；最後，她們都有個容易焦慮的強勢母親，而且跟母親住得很近。但兩人的相似之處就到這裡為止。

與莉迪亞進行心理治療時，她始終受困於憤怒之中，將女兒的毒癮歸咎於自身，不斷回想女兒吸毒過量前的每個細節，怪罪自己無法阻止悲劇發生。無法原諒自己的她將怒火轉向自身，結果陷入憂鬱。與此同時，她也怨恨自己悲慘的童年，無法理解為何必須承受性侵。

我陪伴哀慟的莉迪亞，但她沒辦法真正認知到隱藏在盛怒下的痛苦。我教她正念、自我關懷和平靜練習，可是效果不彰，她深陷於惡性循環，因女兒過世而怨天尤人。莉迪亞滿腔憤恨與壓力，經常不顧糖尿病攝取過量甜食，頻頻與母親大吵。生命愈是用力拉扯繩索，莉迪亞也跟著出更多力拔河。後來莉迪亞停止晤談，我頗為失望自己幫不了她。

另一方面，珊曼莎則能夠面對內心深沉浩瀚的憂傷。她讓悲慟自然流動，將我建議的正念與自我關懷練習融入生活；不只如此，她溫柔對待自己，學著包容失去至親的劇痛。

生命扯動繩子，可是珊曼莎毫不抵抗，反而鬆開了手。她沒有受困於哀慟，而是任其自然流淌，沖刷她的生命。最終，她從自身經歷看見各種可能，開始倡議研擬更嚴格的酒駕防制法規，並積極參與由喪子父母組成的團體「體恤之友」（The Compassionate Friends）（參見第一七八頁）。

每當珊曼莎感到內疚或自我厭惡來襲（兩者都是自然的情緒），便運用自我關懷溫柔擁抱這些感受，使負面情緒逐漸消解。她整合過去與現在，明白在一路至今的人生旅途中，所有經歷都是旅程的一部分。珊曼莎更加關愛自己，改變飲食習慣，開始規律運動。由於她與自我建立了全新的關係，她獲得更清晰的洞察力，對母親設下界線，不再認定母親的行為都是衝著她而來。

珊曼莎停止反抗自身處境，接納感受，敞開心胸面對現實，因此獲得自由，得以創造更美好的現實。反之，莉迪亞始終緊閉心房，態度防衛，抗拒痛苦與失去至親的現實。兩人的境遇是如此相似，最終卻迎來南轅北轍的人生。

“珊曼莎整合過去與現在，明白在一路至今的人生旅途中，所有經歷都是旅程的一部分。”

接受的關鍵

接受不是什麼新概念，在身心靈療癒領域早已歷經時間考驗。不管是現代心理學或宗教典籍，這個概念都廣受認可，也被視為解放自我的目標。問題是，達到接受的境界無比困難，顯然不是打個響指或是叫自己「快點想開」那麼簡單。接受有時充滿挑戰、令人痛苦，甚至根本不可能——人該怎麼接受無可接受之事？

身為執業多年的心理治療師，我注意到一件事：凡事由己而始。無論是要接受另一個人，還是接受過去的某個遭遇，一切都要從你自己開始，包括你對那個處境的感受，以及最重要的：你如何對待自己。假如你能做到自我關懷，會更能接受現實。**要打開接受之門，自我關懷正是鑰匙。**

這就是本書核心：自我關懷↓接受↓平靜。增強自我關懷的能力，善用它經過科學實證的好處，提升高我的力量——這些行動可幫助我們停止抗拒、順應現實、開創可能。你的旅程獨一無二，但本書能為你提供地圖，改善你與自我的關係，以及與生命的關係。

‘凡事由己而始。’

本書概要

每個人都能選擇順應生命之繩，不再否認事實，學習與事實共處的新方法。接下來，本書會告訴你如何調整出全新的接受心態。

第一章將說明旅程的地圖，了解接受是個過程，能引領你停止抗拒，順應現實，開創可能。第二章重點著墨**自我關懷**，也就是旅途中最重要的嚮導；只要學習接受情緒，在整個過程中寬容對待自己，就能放下對抗的姿態，迎接各種可能。

第三至第六章探討生活中實踐接受的具體方法：**接受自己**、**接受他人**、**接受境遇**、**接受過去**。接受有趣、快樂的事不算什麼，好比升遷、訂婚、意外之財、出國度假，但我們都知道人生充滿困境。這幾個章節討論的是如何接受看似無可接受之事：虐待、討厭的前任配偶、病痛、自我厭惡、上癮、出軌、失落，甚至是死亡。無論何種情況，自我關懷正是萬靈丹，幫助你在接受之旅上持續前進。

順應現實是旅程的一環，不過並非全部。最終，你將面臨關鍵問題：接下來呢？第七章深入探索這個問題，以及**可能性的力量**，包括你能夠改變什麼、又該如何改變。我們的文化推崇反抗現實與過度積極，將之視為改變的最佳途徑，然而用對方法才能事半功倍，況且源於接受的改變更加鮮甜，也美味得多。在這一章，你將看見希望的曙光。

每章都穿插了個人故事和個案實例（為保護隱私，姓名與細節均經過改寫），我們在人生中可能會經歷不同強度的接受，這些故事將體現各個強度。對有些人來說，順應現實的原本樣貌，是個簡單平淡的過程，就像一個聳肩或點頭（好，事情就是這樣）。對有些人來說，順應好比交朋友，彷彿與現實握了握手（嗨，請進）。對有些人來說，順應就像大大的熊抱，能在溫暖的擁抱中感受到歡迎的熱情（我喜歡！來吧！）。第三到第七章的尾聲分別提供強度較高的方式，告訴你如何「更上層樓」，讓接受昇華到更高層次。

在每章的結尾，我會分享必備的「強力工具」，協助你把這些元素更深刻整合進生活當中。我將提供一個主要技巧及兩種額外技巧，你可以自由選擇是否要進一步練習。

懷抱接受之心，
即便一切如昔，
一切都將改變。

就從現在開始

接受的感覺就像深深吐出一口氣：呼——接受代表選擇跟隨當下之流，而不是逆流而上；以自我關懷為基礎的主動接受，意味著擁抱自己，微笑迎向生命，不再承擔那麼多壓力、那麼多緊繃，過著更順其自然、更輕鬆自在的生活。

如果你努力改變，逼自己嘗試不同方法，卻一再失敗……如果你由於明知該怎麼做才能讓自己好過，卻老是沒辦法做到，所以不斷責備自己……如果你累了，不想繼續假裝現狀並非你看見的樣子（或假裝現狀是你期望的樣子）……那麼，是時候換個方向了。

「接受」需要優雅與勇氣，必須在每個片刻持續做出選擇。對你而言，它未必是顯而易見的道路，卻是能夠賦予你力量的解決方案，足以發揮超乎想像的潛力。你必定會發現，擁抱這種生命態度將解放情緒，使你獲得內在平靜，實現自我蛻變。

就從現在開始，停止奮戰。
就從現在開始，讓情緒自由。

“真正的探險之旅
不是尋覓嶄新的風景，
而是擁有嶄新的視野。”

—— 馬塞爾·普魯斯特

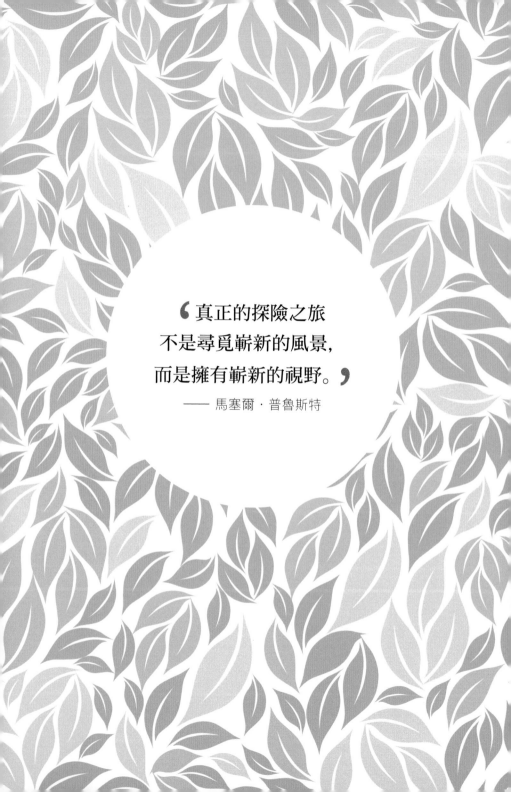

1

接受的過程

從抗拒到順應，進而開創可能

我們待在停機坪上。由於達拉斯下起雷雨，飛機變更航線，在奧克拉荷馬州土爾沙市降落。

機長開始廣播：「各位，因為目前的天氣狀況，我們可能要在這裡停留一段時間。感謝大家的耐心，我很快就會回來報告最新情況。」

身邊的人一個個動了起來。機長再度廣播：「提醒大家，這段時間不能下機，請留在座位上，不過歡迎站起來活動筋骨。」

我坐在機艙第一排，所以站起來伸展腿部時，剛好能用空服員的角度清楚看見乘客的小騷動。眾人紛紛湧到飛機前端，把氣發洩在空服員上，大聲叫嚷：「我要轉機！」「我要下飛機！」「我們要在這裡待多久？」

在我附近的空服員保持冷靜，說：「我們會盡快讓大家安全前往達拉斯。天氣不是我們能控制的。」

一個怒不可遏的男人朝這名可憐的女空服員大吼：「我今天下午要開會，我要馬上去達拉斯！」

「先生，」她自制力驚人地重複道：「大家都很想盡快前往達拉斯，但天氣不是我們能控制的。」

那男人終於回到座位，整張臉氣得通紅。我環顧四周，發現可以清楚分辨哪些人已經接受命運，哪些人還沒有。仍在抗拒現實的乘客看起來焦慮、憤怒、沮喪、不耐、煩躁；順應現實的人則顯得冷靜、放鬆、平和，早已將這件事放下，開始讀起書或傳訊息。

在人人都無法控制的情況中，為何有的人被抗拒給綁架，有的人卻能隨遇而安？當然，我們都知道，選擇接受用說的比做的容易。假如在飛機上的人是你，你覺得自己會有什麼反應？

接受的難題

「接受」（Accept）的拉丁文字根意思是「往自己拿過來」，在我看來，不管是勉強容許，抑或熱切擁抱，這層「帶來／收下」的涵義都可說是接受的核心。

我們往往將當下的處境視為障礙、可怕的事、不便，因而加以排斥，絕對不願收下，因此要不是沒完沒了地抱怨，就是使盡渾身解數，只求改變現狀。身在這個鼓吹追求持續進步、努力的文化，接受經常被當成逼不得已的選項，像個安慰獎。

你要我就這麼接受我老了、我債台高築、我老闆是個白痴？你要我就這麼接受兒子死了？

要細究何謂接受，可以先分析什麼不是接受。接受不是懦弱認命，也不是無動於衷；接受不代表你喜歡現狀；接受不是姑息惡行，也不是認定事情毫無轉機。

從這個角度來說，接受有點類似原諒。原諒一個人不可饒恕的行為，不代表他們的行為沒問題。原諒不代表你認可對方的選擇，而是意味著你接受既定事實，放手邁向未來。這就是為什麼有人能夠原諒凶手或性侵犯，他們選擇為了自己放下滔天怒火與憎恨。接受也是類似的選擇——而這是為了自由。

❛ 接受是一種選擇，你可以主動選擇接受。❜

接受之旅

戒酒無名會首創戒除成癮的十二步驟模型，如今廣受採納，許多與治療成癮和強迫行為有關的單位都實行這套方法。在這十二步驟當中，起點正是接受。（第一步：「承認我們無力抗拒酒精，承認生活已經失控。」）

伊麗莎白・庫伯勒・羅斯（Elisabeth Kübler-Ross）在一九六九年出版《論死亡與臨終》（*On Death and Dying*），提出著名的絕症悲傷五階段（否認、憤怒、討價還價、沮喪、接受），其中則把接受列為終點。

本書將從三階段旅程的角度探討接受，這個旅程的開端是抗拒，接著是順應現實，最終開創可能。

自我關懷；
觀點轉換；
ACT 法

抗拒

起點

自我

他人；處境；
過去

“簡而言之，
抗拒就像說「不」，
順應就像說「好」，
可能性則是問：
「接下來呢？」”

比方說你感冒了，而且症狀很嚴重。剛開始，你可能會**抗拒**，不願承認事實：不行！我不能生病，我沒時間生病，我討厭生病，眞希望我沒生病。到了某個階段，你會開始**順應**現實，承認身體生病了，現在你覺得很難受：好吧，我病了，病得很重，現實就是這樣，我覺得好悲慘。在最終階段，隨著你坦然面對現況，新的**可能**便會浮現，你注意到有各種選擇：我可以吃藥，可以睡覺，可以請幾天假，可以熱碗雞湯來喝，可以看一齣早就想看的電視節目。接受讓我們的心境從難受轉向平靜，再向可能性敞開。接下來，讓我們詳談這個過程的每個環節……

“接受讓我們的心境
從難受轉向平靜，
再向可能性敞開。”

抗拒

有一回我參加臨床心理學家兼暢銷作家丹尼爾・席格（Daniel J. Siegel）的講座，他流暢動人地講述了教養、神經生物學、冥想、韌性等主題。他要我們閉上眼，看看在他接下來說話時，我們有什麼感受。於是我們閉上雙眼，聽他強硬地說：「不。」然後堅決地再次大聲說：「不。」這麼重複七遍。

過了片刻，他用較為溫和的語氣說：「好。」接著柔聲說：「好。」再來是冷靜地說：「好。」同樣重複七遍。

「張開眼睛，」他說：「你們有什麼感覺？先從『不』開始，你們想到了什麼形容詞？」聽眾紛紛高聲描述彼此的共同經驗：「封閉。」「緊繃。」「我嚇了一跳。」「覺得無處可逃，好像被責罵。」「心跳變快了。」

「那『好』的感覺呢？」他問。我周遭的人答道：「自由。」「隨和。」「比較開放。」「冷靜。」「更輕鬆了。」「覺得受到安慰。」

接下來他解釋，「不」引起的心態是基於被動反應及抗拒，使人產生「戰鬥、逃跑、呆滯」的恐懼反應；另一方面，「好」的心態是基於接收（也就是接受），在這個狀態中，人會啟動關懷他人、社會參與的腦部系統，讓我們感覺思緒清晰、心情冷靜。

抗拒（也就是「不」式思維）會消耗龐大的能量與專注力。「不」是一種充滿排斥感的念頭，此外對神經系統而言也是強力的觸媒，會刺激主掌戰或逃反應的自主神經系統，讓腦部滿載各式各樣的壓力化學物質，包括皮質醇、腎上腺素、正腎上腺素等。抗拒就像是要逆流而上，與現狀之河對抗。

抗拒是猛力抓住生命的繩索，即便握得死緊，卻仍舊無法令繩索止住不動，手掌還嚴重擦傷。這種神經壓力會帶來極大的負擔，讓人痛苦、疲憊不堪。

抗拒就是佛陀所謂的「第二枝箭」。在著名的寓言中，佛陀將人生各種痛苦經歷比喻為第一枝箭，諸如診斷罹癌、摯愛去世、遭到解雇，這些純粹是生命的一部分。然而，假如我們對第一枝箭產生負面反應，便會遭受第二枝「抗拒」之箭的痛楚，因否定心態導致痛苦雪上加霜：*不！不可能！爲什麼是我？眞希望事實不是這樣，我受不了！*你咬牙切齒、拚命拔河，卻也因抗拒而造成不可忍受的劇痛。你的行動加劇了自身所受的苦，這些反應就是「第二枝箭」。

「自身所受的苦＝痛苦＋抗拒」

我們都知道，反抗現實非常累人，但這卻是最常見的痛苦來源——事與願違卻不願面對現實，結果長期感到痛苦與不適。抗拒令人感到陰暗、負面，讓你滿腦子只想著它，反而看不見別的可能。

精神科醫生兼精神分析學家卡爾·榮格曾說：「你抗拒的對象會持續存在，而且問題會日益加劇。」換言之，抗拒會有加乘效果。只要處於抗拒狀態，就會強化、放大抗拒的力量。我們亟欲擺脫負面情緒，自然不希望反而使這些情緒增強；誰會想要更多怨恨、責難、痛苦、焦慮或憤怒呢？抗拒讓你承擔不想要的負面情緒，接受則讓你得到解放。如果你選擇放手，面對問題，主動接納問題，臣服於現狀，負面情緒便無法掌控你，平靜與療癒將自然而然發生。

在接受的過程中，往往正是抗拒帶來的折磨促使我們邁向下一階段。正因為抗拒使我們痛苦，與之纏鬥時，在最晦暗的時刻，我們會聽見一個聲音、感受到某個衝動，告訴我們：或許有另一種面對的方式，另一種沒那麼痛苦的方式。這個認知浮現的當下，我們便會看見「順應」的曙光。

‘反抗現實非常累人。’

順應

順應現狀需要說「好」：向當前的感受說「好」，向他人真實的樣貌說「好」，最終也需要向你的處境說「好」。這不代表你喜歡或肯定當下的狀況，單純代表你與這件事和解了，因為在此時此刻，這就是你能掌握的事物。

想要自在面對任何境況，第一步是原原本本接受你的感覺，允許自己與那些體驗共處，就算你希望事情有不同的發展（這麼做的關鍵在於自我關懷，參見第五十七頁第二章）。隨著你順應感受，抱持同理心承認自身經驗，你會發現自己開始順流而行，不再逆流而上……這會讓你感到放鬆，在放鬆下來的同時，一切便會開始改變。

一如合氣道這門武術，面對衝著你而來的攻擊，只要借力使力就不會挨打，還能把力量引導至他處，有效化解攻勢。當你有意識地依據情勢採取行動，而不是加以抵抗，出招時自然不須承受壓力。在這個過程中，你會活用現狀，而不是浪費力氣祈求處境有所不同。

想像看看，純粹停下來、呼吸、放鬆，接受此時此刻的現狀如是，會是多麼令人解脫的事。順應現實後，你會發現，一切未曾改變，卻也什麼都變了。

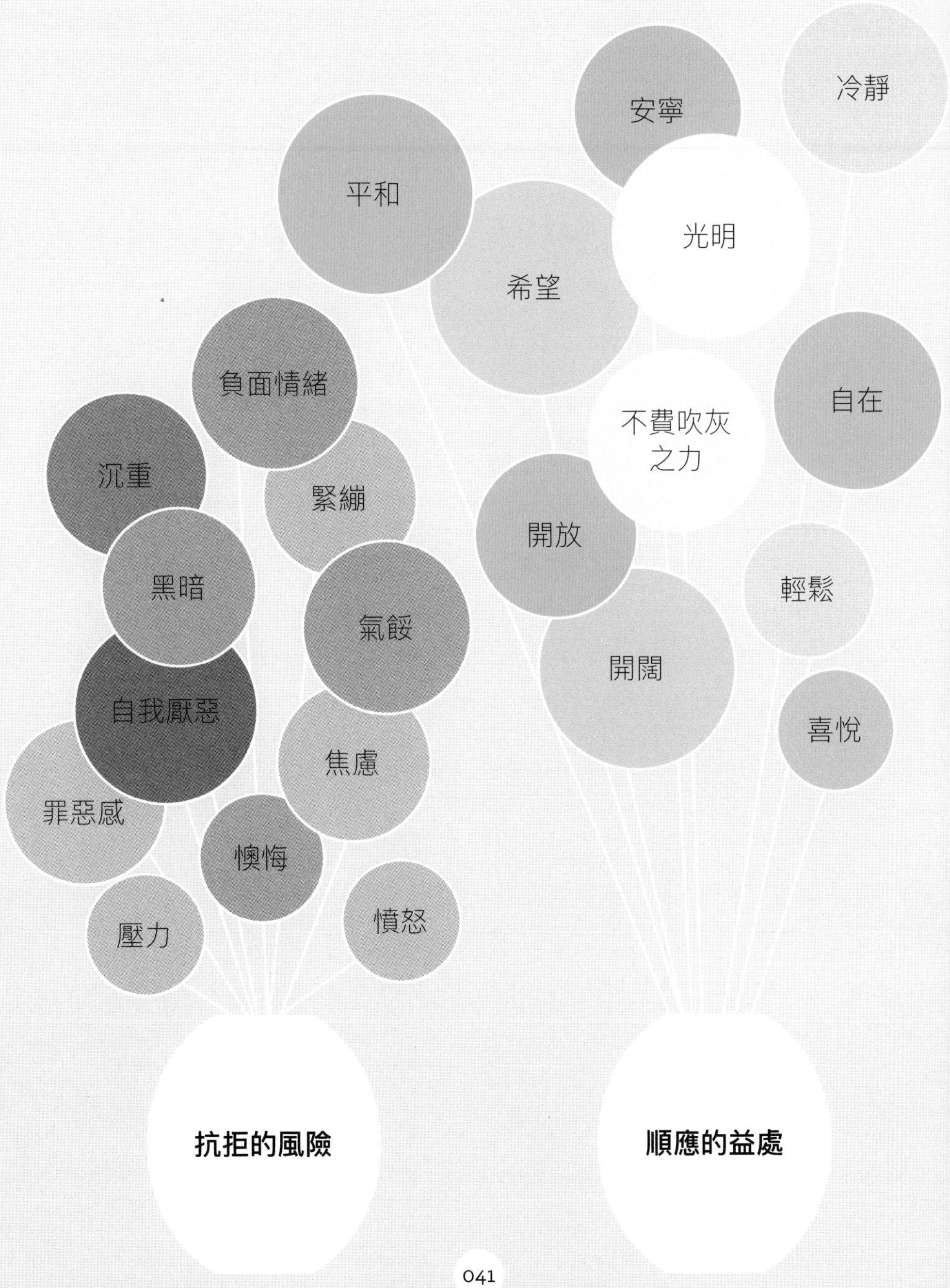
冷靜
安寧
平和
光明
希望
負面情緒
自在
不費吹灰之力
沉重
緊繃
開放
黑暗
輕鬆
氣餒
開闊
自我厭惡
喜悅
焦慮
罪惡感
懊悔
壓力
憤怒
抗拒的風險
順應的益處

接著來細說接受的過程可能會是什麼樣子吧。四十五歲的夏綠蒂來與我晤談，她發現結縭十八載的丈夫傑瑞已出軌半年，對象是工作上的同事。傑瑞有次洗澡時，夏綠蒂看見他的手機螢幕亮起，顯示小三傳來的訊息，頓時大受打擊。

傑瑞一洗完澡，夏綠蒂馬上質問他。頭幾分鐘他矢口否認，堅稱不曉得那些訊息是怎麼回事。但夏綠蒂不依不饒，又哭又罵，傑瑞終於招認兩人早已心知肚明的事實。夏綠蒂心目中的忠誠伴侶形象就此幻滅，完美的生活從此崩塌。

夏綠蒂是和傑瑞一起來諮商的。傑瑞傳達強烈的難過之情，而且願意馬上結束外遇，我認為這是正面的訊號，因為我見過不少表現得毫無悔意的伴侶。傑瑞甚至申請轉調至另一間分公司，來跟第三者保持距離。

一開始，夏綠蒂態度堅定：「這種事不該發生在我身上，也不該發生在我們的關係中。」她明顯處於抗拒狀態，這也是合情合理的，畢竟她所認知的世界徹底瓦解，讓她感覺受到背叛，痛苦不堪。她的交感神經已然啟動，進入長期備戰狀態，神經系統高度警戒；此外，她翻來覆去回想發生的一切，急著想知道每次外遇幽會的細節。傑瑞願意坦承一切，可是夏綠蒂聽了只是徒增憤怒，不禁令他憂心忡忡。

夏綠蒂的處境十分煎熬：她拒絕接受傑瑞（我一直以爲他是可靠的正人君子），拒絕接受現狀（眞希望我們沒遇到這種事），拒絕接受過往（如果能回到過去就好了，這樣我就能改變一切，這件事就不會發生了），甚至難以接受自己（我一定是個糟糕的妻子），可說是集齊了各種抗拒的形式。

她對傑瑞、第三者或自己都毫無同理心，內心深藏難以言喻的羞愧感，認定正因為自己多年來沒有扮演好完美的妻子，所以一切都是她應得的。

夏綠蒂與傑瑞花了好幾個月，才從抗拒踏上順應的道路。在這個過程中，夏綠蒂以淚洗面，甚至與傑瑞分居兩個月，終於明白正是由於她始終抱著抗拒的心態，阻礙了兩人重新開始。只要她身陷這個惡性循環，繼續責怪傑瑞、責怪自己、希冀現狀有所不同、重複過去的行為，他們倆就只能原地踏步。我深知，倘若夏綠蒂的抗拒態度始終無法軟化，那麼終結這段婚姻的因素不會是婚外情，而是婚外情的後續效應。唯有夏綠蒂願意順應現實，夫妻關係才能修復。

“倘若夏綠蒂的抗拒態度
始終無法軟化，
那麼終結這段婚姻的因素
不會是婚外情，
而是婚外情的後續效應。”

軟化的開始

對夏綠蒂而言，關鍵在於自我關懷。她的抗拒能夠鬆動，是因為她懷著溫柔與理解之心，承認自己的痛苦與失落有多麼強烈。她溫柔面對憂傷，不再盼望這一切並未發生，心房逐漸敞開，先是順應痛苦（「這就是我的感受」），接著順應婚外情發生的事實（「這就是我遇到的事」），直到她的心態終於軟化。

她不再費盡心思拒絕正視現實，而是純粹與自身的經驗同在，從而承認並肯定了這些經歷，帶來自我撫慰的全新體驗。她接納所有的感受，原先不堪承受的一切（受苦）成了療癒的經驗（承認並肯定自己）。比起排斥、抗拒、批判、否定，尊重自己的經驗並與之同在，令她深感解脫。

隨著我們逐一順應每個情緒、每個經驗，身心的緊繃與壓力也會跟著減輕。從神經的角度來說，順應會啟動副交感神經系統（也就是負責讓身體一切順暢運作的系統），好讓我們休息、放鬆、充電。光是順應抗拒的感受，便足以清除原本充斥內心的抗拒感，給予我們能夠平靜順應當前處境的餘裕。在那之後，我們就有餘力迎接新事物，邁向旅程的下個階段：開創可能。

可能性悖論

放下否定，讓心態轉向肯定之後，我們就會有餘裕面對這個問題：「接下來呢？」這時我們才有辦法拋開恐懼或憤怒，懷抱好奇之心尋找身邊的可能。換言之，在這個階段，我們的心靈會變得更清明，帶來轉換方向、迎向蛻變的契機。

就夏綠蒂來說，在她從抗拒（否定）轉向順應（肯定）的同時，也就獲得了前進的自由（「接下來呢？」）。以「接下來呢？」為起點，夏綠蒂跟傑瑞全心攜手打造「全新的婚姻」，畢竟原有的婚姻關係已經產生裂痕，大到足以讓其他人乘虛而入。隨著時間流逝，在晤談中，我們一起把多年的孤單寂寞攤開來說，以往他們從未承認這些感受的存在，也從未拿出來討論。

夏綠蒂恍然明白，儘管她不是差勁的妻子，卻甚少與傑瑞分享內心的想法。她忙著營造毫無壓力的完美家庭生活，卻從未表達心中的擔憂、遇到的困難與其他心情，也不讓傑瑞好好參與對女兒的教養，使傑瑞覺得受到孤立、缺乏歸屬感與愛，導致兩人各自活在互不相干的孤獨世界。

迎接新事物的餘裕

夏綠蒂和傑瑞承認並接受過去之後，晤談的重點轉為如何加深親密與信任。夏綠蒂抱持接受心態，全盤接納了傑瑞強烈的悔意及真摯的道歉。以此為基礎，他們針對新婚姻的條件與期望順利達成共識，決定建立更開放、更自由表達、更深切交流的關係。

晤談接近尾聲時，夏綠蒂跟傑瑞都變得更快樂了。夏綠蒂說：「記得剛知道他外遇時，我說這是我人生中最慘的事。現在……嗯，我不會說這是最棒的事，但這是敲醒我的警鐘。我們的關係確實因此改變了。」她微笑著加上一句：「我們得到了第二次機會。」

見證他倆把愛重新找回來，讓我十分感動。我認為這應該歸功於夏綠蒂的勇氣與決心，由於她堅持走完接受的內在過程，第二次機會才得以降臨。要是她仍舊深陷抗拒心態之中，絕對沒辦法擁抱讓婚姻改頭換面的可能。在各個層面，她都承認了自己的創傷，順應感受和處境，敞開心胸迎接新事物。若是少了主動接受的歷程，她跟傑瑞不可能走下去。

獨特的旅程

在接受之旅中，我們從受苦轉趨平靜，最後開創可能，使內心與靈魂獲得安寧，透過這份深刻的內在平靜，我們的情緒將獲得自由。對每個人來說，接受之旅的過程都有所不同，依出身背景、人格和性情脾氣而定；其實，每個人完成這趟旅程的方式，本身就是獨一無二的接受練習。**你會用自己的方式走完旅程，對你而言，那就是最好的方式。**

從否定邁向肯定

接受之旅最棘手的部分，就是從抗拒轉向順應，也就是從否定心態轉變為肯定心態。許多人都卡在這個步驟。通往順應的門看似遙不可及，但你手中早已掌握開門的鑰匙：自我關懷，這正是下一章要談的主題。

主要技巧：觀想

閉上雙眼靜靜坐著，想像自己身處強勁的水流中，試著逆流而上。面對滔滔流水，你拚命掙扎，費盡氣力。感覺肌肉的緊繃，身體的疲憊，以及試著浮在水面上有多麼困難；感覺在你換氣時水花拍打你的臉。這就是**抗拒**現實的感覺。

現在，想像自己鬆手，停止掙扎，順服於流水。你翻過身仰天漂著，讓流水承載著你前進，感受陽光照在臉上，感受水的浮力，眼中看著上方寬闊的藍天。這就是**順應**現實的感覺。

最後，想像舒適的一葉扁舟載著你，平穩漂向下游……真滿足。你坐起身，環顧沿岸的絕美自然景致。轉過下個彎會遇見什麼？只要願意，你有許多可以停下來探索的機會。這就是**可能**。

額外技巧：放鬆呼吸法

以下的4—7—8呼吸法是流傳已久的技巧，能使身體放鬆，重新調整中樞神經系統。規律練習4—7—8回復呼吸法，假以時日便會發揮效果，使心緒更加平靜，較不易因故激起波瀾。

1 用鼻子吸氣，數到四。

2 屏住呼吸，數到七。

3 像用吸管噴氣一樣，從嘴巴吐氣，數到八為止。你會發現肌肉開始放鬆，心跳速率放慢。

4 立即重複這個循環兩次。

早上三個循環、傍晚三個循環，會發揮最大效果。

額外技巧：沉思

靜靜觀察事物可以令身體放鬆，訓練腦部精進簡單的正念覺察技巧。你可以從以下兩者之中擇一。

天空：花幾分鐘仰望天空，或是在心中觀想天空的景象。留意天空的顏色。有雲嗎？如果有，細看雲的質地。觀察任何變化。將壯麗的天空盡收眼底時，試著仿效對事物充滿驚嘆的小孩。把天空視為不帶絲毫抗拒的場域：在這裡，無論是雲朵、落雨、晨曦或黃昏都容許存在。將腦中思緒想像成雲朵，看著它們飄過意識這片天空。天空是你的導師，教導你順流與接受。

樹：花幾分鐘凝視一棵樹，或是在心中觀想一棵樹的景象。留意樹皮的質地，樹葉的顏色，樹上反射的光。你有沒有聽見任何聲音，看見任何搖動？思考看看，樹不抗拒周遭的風，不抗拒雨水，不抗拒樹葉變色或飄落在地。觀察樹是如何優雅地順應、接納自然之力。樹是你的導師，教導你順流與接受。

“樹是你的導師，
教導你順流與接受。”

“既來之，則安之。”

—— 孔子

2

關鍵

自我關懷

二十九歲的心迪坐在我面前擤鼻子。這是我們第一次晤談，她哭著說自己最近在一場婚禮上恐慌症發作，偏偏好朋友也即將舉辦結婚儀式，她擔心到時候又會發作，那可就大事不妙了，因為她要當伴娘，必須站在新娘身邊。心迪生怕她會大出洋相，搞砸整場婚禮。

她責備自己：「我真沒用，真笨。誰會在婚禮恐慌症發作啊？」她擤著鼻子說：「我不能老是這樣，簡直是場噩夢，一定要確保這個問題不會再發生。該怎麼辦？」

她一邊說，我看得出她深陷於抗拒心態，而且愈說愈焦慮。她與恐懼對抗，與自我對抗，也與可能發生的未來對抗，因此緊繃得不得了。

我坐在椅子上，聆聽心迪傾訴煩惱。她努力

試著戰勝焦慮，但我心知，通往療癒的路大概跟她的預期不同。執業這麼多年來，我治療過恐慌症，所以我明白她必須學著面對、接受恐慌症發作，不是與之對抗。等心迪改變她與恐慌症發作的關係，發作頻率就會降低，也不致讓她這麼擔心。

正念與自我關懷法

心迪說她不想服藥，但她對正念很感興趣，這種治療方法廣受歡迎，她在報章雜誌上讀過。正念指的是種覺察力，需要刻意保持專注，有意識地覺知正在發生的事物，身處當下。可以說，**正念本身就是接受的一種形式。**

正念的練習方法頗為單純，比如有意識地品嘗晚餐、洗碗、享受孩子的笑容；然而，一旦面臨令人不快的情緒或感受，像是生理疼痛、憂傷、恐懼，尤其是焦慮，要留在當下就比較難了。我們多半不願留心注意這些痛苦的經驗，不如說，我們的第一反應通常徹底相反：要麼轉移注意力，要麼逃避。

即使抱持不批判的好奇態度，與不適共處仍舊談何容易。所以我們需要一點協助，才能以正念覺察痛苦，好讓無可負荷的事物變得可堪忍受，這份幫助的力量正是自我關懷。運用正念覺察內在經驗，就好比坐在堅固的木椅上，儘管椅子能支撐你的重量，坐起來卻不太舒服；自我關懷則好比軟墊，能讓椅子舒適些。

可是，自我關懷究竟是什麼？多數人或許有個模糊的概念，卻從未仔細思考過，還有人誤以為自我關懷等於軟弱、自私或自我耽溺。**其實，自我關懷是以溫柔、有意識的方式，不帶批判地寬容對待自己。自我關懷是擁抱自身每個部分，甚至是擁抱痛苦，接納原原本本的一切。**

在自我關懷領域有位出眾的研究者名叫克莉絲汀．聶夫（Kristin Neff, PhD），她如此描述自我關懷：你怎麼跟好友對話，就怎麼跟自己對話。聶夫的研究指出，自我關懷有許多好處，包括緩解憂鬱、焦慮與壓力，增強韌性，提升對生活的滿意度與快樂度。此外根據她的研究，自我關懷的實踐是以三大療癒要素作為核心：正念、共同經驗、寬容。

我把這三大要素融入關鍵的自我關懷法當中，稱之為ACT：**承認**（Acknowledge）、**連結**（Connect）、**寬容對話**（Talk kindly）。一開始，自我關懷可能會令你覺得尷尬、不自在，所以我建議即便做不到真正的自我關懷，也要照著ACT步驟做出關懷自己的樣子，總有一天，你真心感到自我關懷。如同知名神經科學家唐納德·海伯（Donald Hebb）所說，神經科學研究已證明「神經元一起激發，一起串連」；換言之，只要多加練習，自我關懷就會形成根深蒂固的習慣。你的腦部會逐漸產生變化，讓自我關懷愈來愈輕鬆、自然，替你開拓接受自我的道路。

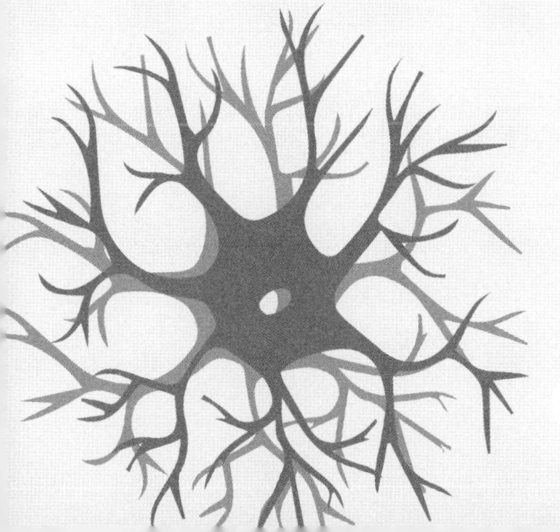

❛神經元一起激發，一起串連。❜

——唐納德·海伯

「承認」具有療癒的效果，
而且你有能力辦到。

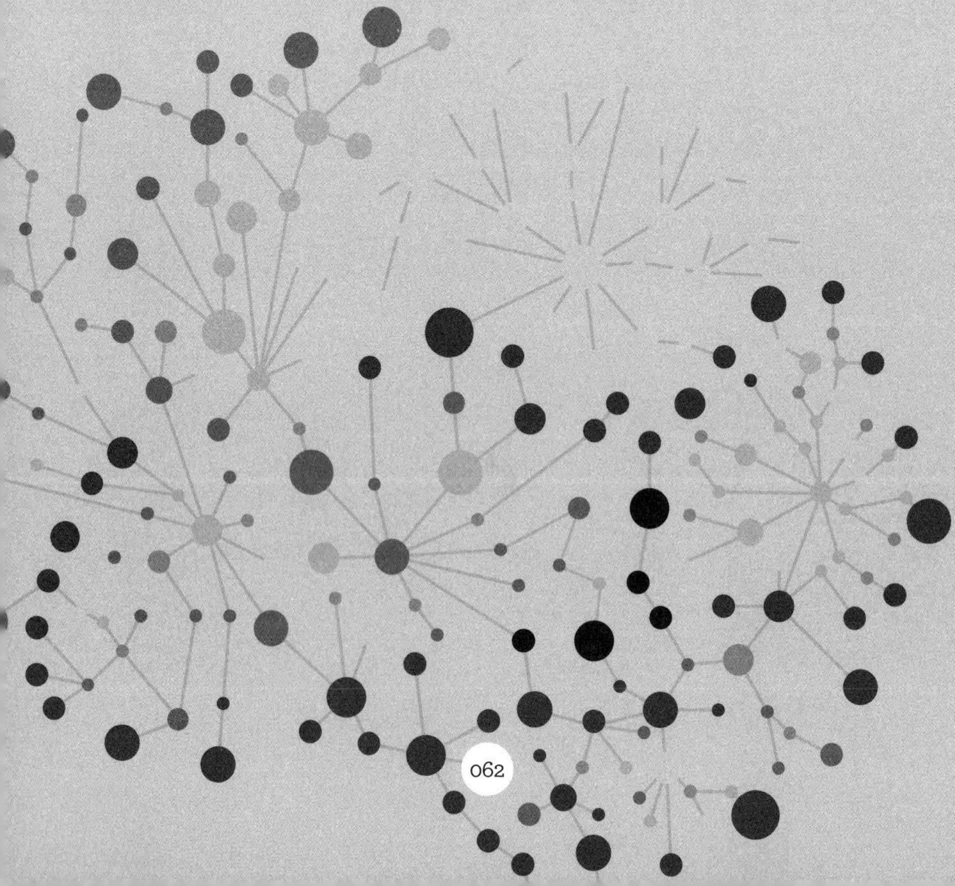

運用你內在的超能力

在接著說心迪的故事之前，容我細說ＡＣＴ與自我關懷的三大目標要素。

承認

意思是對自己說類似這樣的話：「愛希麗，你現在好難過又好害怕。」承認感受是最主要的療癒要素，能夠使身心放鬆下來。

在神經科學中，這種使人平靜下來的現象被戲稱「只要說得出名字，就能馴服」。心理學家兼暢銷作家丹尼爾・席格解釋，為情緒給予一個名字之後，「腦部上層」（皮質）就會啟動，促使「腦部下層」（皮質下）冷靜，原理是腦中的認知區域承認感受時，會分泌有安撫作用的神經傳導物質，使掌管本能的「爬蟲類腦」變平靜。也就是說，承認自己的感覺，是真的能夠改變體內的化學作用。

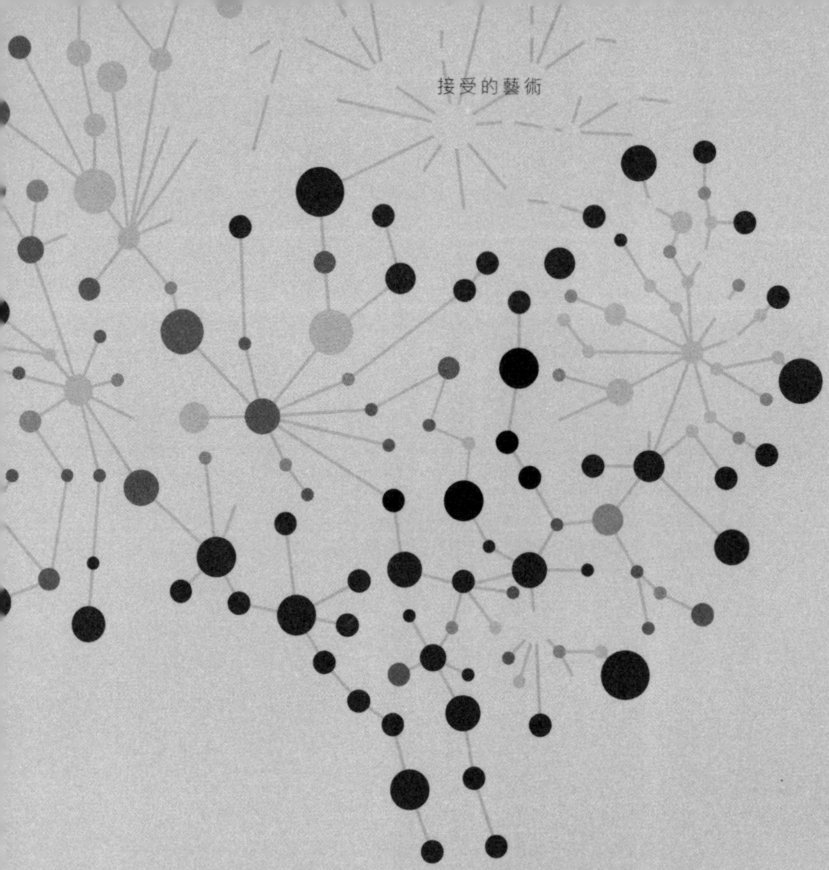

「連結」具有療癒效果，

而且你有能力辦到。

連結

意思是對自己說類似這樣的話：「愛希麗，你不孤單，很多人在這一刻都覺得難過又害怕。」將注意力放在共通的普世經驗，明白有這些感受的不光只有自己，你會馬上得到撫慰。我們天生渴望與人連結、建立依附關係，所以只要提醒自己，我們是屬於某個群體的，就會覺得好過許多。

雪莉・E・泰勒（Shelley E. Taylor）著有《關懷天性》（*The Tending Instinct*）一書，提出「照料和結盟」的壓力反應理論。她發現人在壓力大時會相互照顧，尤其是女性。在社交場合中，人腦中的社會關懷迴路會分泌催產素，讓我們感到安慰、相互連結、受到支持。藉由提醒自己感受與他人的連結，即可啟動「照料和結盟」的神經網絡，不但可以減輕壓力，還能產生充滿愛的歸屬感。

寬容地與自己對話具有療癒效果,
而且你有能力辦到。

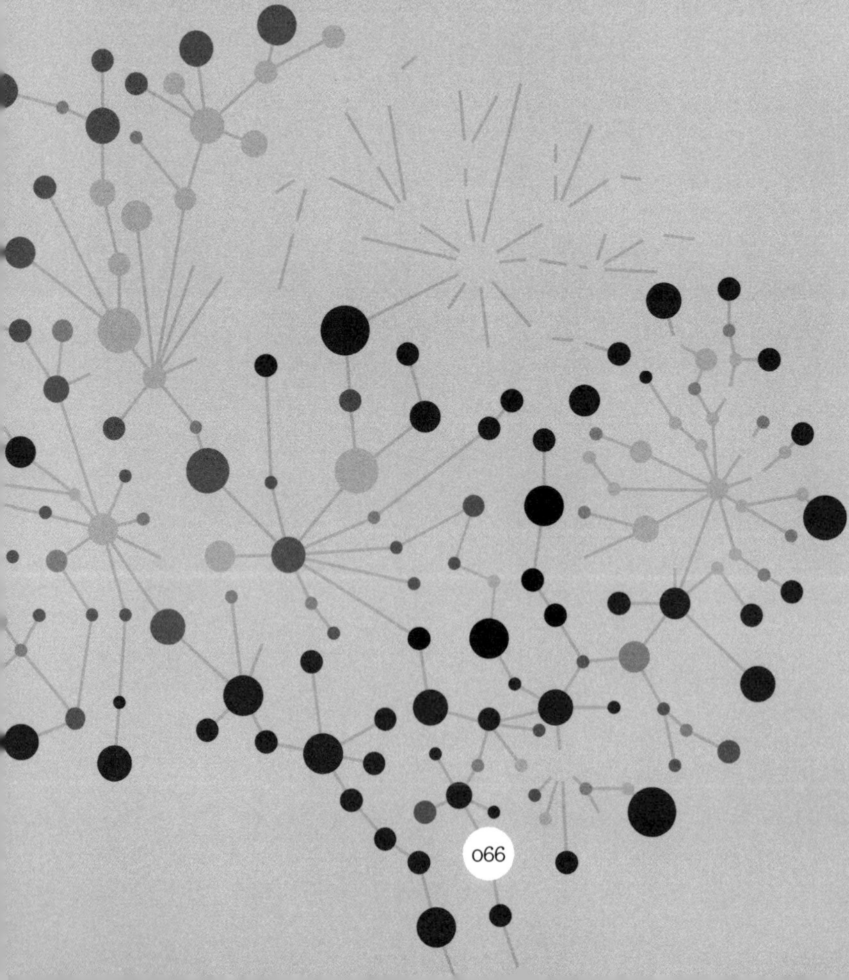

寬容地與自己對話

意思是對自己說類似這樣的話：「愛希麗，一切都會沒事的，你會平安度過這個難關。」根據研究，與自我對話時，相較於使用第一人稱，第二人稱的效果更強也更撫慰人心。比起用「我」稱呼自己，說「你」（或直接說自己的名字）會啟動腦部的關懷迴路，產生更強大的自我支持感。寬容地與自己對話可以發揮「高我」的力量，高我正是你內心能夠給予撫慰的部分。

在「內在家族系統」（認為心智是由不同的次人格組成）和「接受與承諾治療」（Acceptance and Commitment Therapy）這兩個領域，研究都指出在一個人運用「觀察我」時，就不再陷溺於自身的思緒當中，也不再一味認同自己的想法，因此能夠放鬆下來。

> **根據研究，與自我對話時，**
> **相較於使用第一人稱（我），**
> **第二人稱（你）的效果更強也更撫慰人心。**

實踐ACT

自我關懷或許能解決心迪對恐慌症發作的恐懼，但我第一次對心迪提出這個想法時，她覺得聽起來糟透了。她反駁：「要是我對自己寬容，那我只會愈來愈沒用而已，我不能再當個沒用的笨巨嬰了。」

是的，心迪習於用難聽的話鞭策自己，卻不幸造成反效果。根據克莉絲汀．聶夫的自我關懷研究（參見第六〇頁），嚴厲對待自我時，神經系統會以為自己正在承受攻擊；在以為受到攻擊時，我們便會自然而然產生戰鬥、逃跑、凍結的壓力反應，不假思索採取行動來抵抗內在的惡霸。然而，感受到支持與鼓勵的話，我們就能放鬆下來，清晰思考。受到關懷時，我們會感到放心與安慰，自我關懷也會達到相同的效果。

我向心迪解釋自我關懷對她有什麼幫助，她漸漸接受了這個主意，說：「反正沒什麼好損失的，對吧？」婚禮舉行前，每當心迪覺得壓力大，就會透過以下方式運用ACT法。

承認困境。心迪對自己說：「背負期待對你來說好辛苦，你討厭恐慌症發作，又怕毀了好朋友的大日子，壓力真的、真的好大。」

連結到共通的普世經驗。她告訴自己：「心迪，你不是世上第一個恐慌症發作的人，也不是第一個害怕再度發作的人。好幾百年以來，很多人都遇到同樣的問題，你不孤單。」

寬容地與自己對話。她對自己說：「親愛的，不管發生什麼事，你都會沒事的。你身邊有你愛的人，你會度過這個難關。願你的心得到平靜。」

後來心迪怎麼了呢？她在婚禮上是不是發作了？是，但不是在儀式途中，而是在儀式結束後的晚宴上。然而，她並未心想「這不該發生」，反而自然地開始進行ACT法，首先承認事實：「心迪，你很難受，這真的很辛苦。」接著透過與他人連結來自我撫慰，提醒自己：「很多人都有恐慌症，你不孤單。」最後避開「你真沒用」的念頭，寬容地自己對話：「沒事的，你很堅強，你會度過這一切。」

對心迪來說，這一夜就像打了場勝仗，即便恐慌症短暫發作，她也沒有崩潰，反倒平安度過；此外，焦慮只持續了幾分鐘，而不是好幾小時。她與自我、與焦慮的關係已然改變，如今她是自己最要好的朋友。

婚禮隔週，心迪面帶笑容走進諮商室：「我從沒想過，我面對恐慌可以一點也不恐慌。」

她接著說：「如果沒有來諮商，我八成會在晚宴中途跑掉，整個人慘不忍睹。但我撐過來了，還待完整場婚禮。」

最後她笑著說：「而且，我拿到了捧花！」

反抗「抗拒」

抗拒宛如戰爭，也像是場對決，會耗盡你的力量，剝奪你內心的平靜。心迪第一次來找我時，深陷抗拒狀態之中。她痛恨且急於擺脫恐慌症，完全無法想像要順應焦慮，堅信：「絕不能讓恐慌症再次發作。」

當我們處於抗拒狀態（期盼自身處境與現狀不同），態度會變得嚴厲，封閉心扉，奮力對抗現實。抱持自我關懷面對這份經驗、這場對抗，正是順應的開端；也就是說，要接受這份抗拒，停止試著改變或趕走它。坦然肯定自己是多麼美妙，我們的心會放鬆下來，弔詭的是，抗拒也將煙消雲散。

抗拒就像擔驚受怕的孩子，躲在衣櫃裡縮成一團。如果溫柔地面對他、承認他的恐懼、關懷他，他會感受到接納。如果將他擁入懷中，讓他明白他很安全，他就能好好休息。那個膽怯害怕的你正是你的內在小孩，只要與他站在同一陣線，你就能停止掙扎，就能放心地嘆一口氣：**太好了，有人懂我**。你的心於焉敞開。

每個人都會以自己的方式，試著保護自我、從痛苦中解脫，這是因為每個人各自擁有獨特的經歷、思維、生活之道。如同接受，自我關懷也是需要發揮創意的過程，不同人的實踐方式都會有所差異。

“如同接受，自我關懷也是需要發揮創意的過程，不同人的實踐方式都會有所差異。”

你就是自己的好夥伴

關懷源於我們愛人的能力，這是我們天生擁有的。自我關懷則是將這份愛轉向內在，你會覺得有人理解你的痛苦，懂得如何為你療傷，這個人就是你自己。

只要持續練習就會日益進步，總有一天，自我關懷會變成全新的反射動作。隨著掙扎的力道減緩，隨著你放下抗拒，隨著你感受源於自身的支持，你便有餘裕順應周遭世界，心境變得更開闊。

打個比方，你塞在車陣中，眼看上班快要遲到了。你心知萬一又遲到，老闆絕不會輕饒，這時你體驗到的就是抗拒：**不會吧，不能遲到，不然我就慘了**，說不定還會氣惱地拍打方向盤。抗拒引發的憤怒在體內飆升，你火冒三丈，焦躁不已。這是非常合理的行為，也是你對於陷入困境的自然反應。

實現自我關懷的祕密關鍵：ACT法，就在此時派上了用場。首先，你**承認**自身的掙扎（「現在的情況糟透了，讓你很不好受」），接著與身處相同境地的他人**連結**（「塞在路上的人不是只有你，大家都面臨不便，塞車是日常生活的一部分」），最後**寬容地與自己對話**，滿懷善意對待自己（「你會沒事的，一切都很好，難關終將過去」）。自我關懷時，就不會受到負面能量主宰，肌肉隨之放鬆，心跳速度減緩，不再感覺那麼孤單，抗拒之心消散，你從而獲得自由，能夠順應當下處境的現實。

你會明白：沒錯，你遇上了塞車，眼前車車相連到天邊。你坦然面對事實，放棄抵抗。負面情緒消解的同時，內在世界隨之開闊，讓你有餘裕正視別的可能：「接下來，在這個情況下能做什麼？」也許是聽音樂、打電話給一個朋友（當然要用免持方式）、聽本有聲書，或是單純享受寧靜，你有很多選擇。

是不是很神奇？自我關懷能轉化受苦的當下，將之變成充滿愛、連結、支持與陪伴的時刻。即便處境未曾改變，但我們可以改變自身的態度，擺脫壓力與氣惱，迎向接受與平靜。

自我關懷能幫助我們停止使問題加劇，反過來化解困境。

客棧

人的存在宛若客棧，
每個早晨皆有新客登門。

喜悅、憂鬱、卑劣之心，
偶有稍縱即逝的覺知光臨
如同不請自來之賓。

盡邀入內，娛賓遣興！
即使來人是成群的哀戚
狂暴席捲客棧
洗劫一空，
仍要禮遇每位來客。
或許他先將你清空殆盡
好讓你迎接新的歡喜。

晦暗思緒、羞恥、惡意，
不妨在門口開懷接待
迎入屋中吧。

無論來者何人，都應懷抱感恩
因為每位賓客
皆是上天派來的指引。

—— 魯米

學習技巧

不幸的是，多數人在成長過程中都沒學到如何善待自己，反而習慣了腦中嚴厲、甚至殘酷的聲音，指責我們無能、不足，這些負面聲音讓我們深陷抗拒狀態。好在ACT法是能夠後天習得的技能，自我關懷則是人人天生具備的能力，更棒的是，ACT和自我關懷恰恰是克制負面聲音的良方。

善用自我關懷也許需要創意，但絕不是無法破解的難題，ACT正是能幫助你磨練自我關懷能力的架構。ACT會啟動腦中的關懷迴路，讓內心那個正在受苦的你感到關愛，不再那麼孤單。你就是能夠撫慰自己的人。**隨著自我關懷愈漸自然，你會開始相信，你可以支持自己。**

ACT是緩解抗拒心態的強大練習，不過假如是初次嘗試這種對自己更溫柔的新體驗，也有其他方式，例如想像從他人身上獲得關懷，或是想像自己

神經學家
理查・戴維森發現，
自我關懷能促進腦部改變，
力量之大在自然科學領域
可謂數一數二。

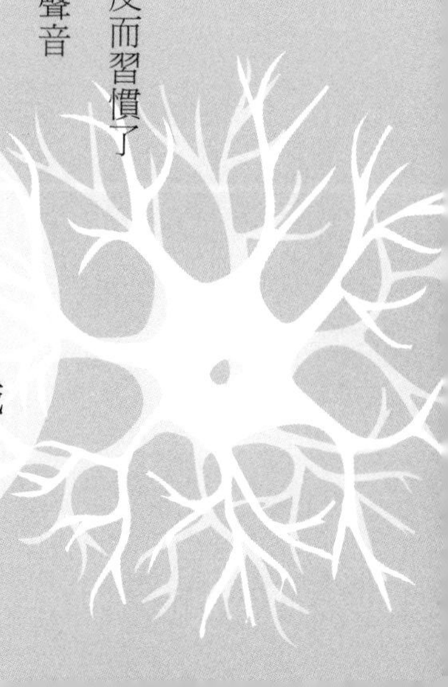

去關懷他人，這個技巧對我的案主鄧肯頗有幫助。

鄧肯的妻子羅琳提出離婚，他因此來找我晤談。離婚對他造成重大打擊，他哀求羅琳和他一起接受諮商，羅琳卻說這麼做也沒有意義，因為她無論如何都要結束婚姻。羅琳已經找好律師了，她告訴鄧肯，他非得接受現實不可。

首次晤談時，鄧肯盡全力抗拒離婚的現實。他對我提出許多讓羅琳回心轉意的計策，完全不願相信羅琳要求離婚是認真的。鄧肯的痛苦源於他排斥正在發生的事實，耗費大量心力在抗拒上。

鄧肯與羅琳的年紀都已五十開外，結婚十一年，膝下並無子女。兩人皆是再婚，目前住在羅琳名下的房子，據鄧肯說，羅琳要他搬出去，可是他拒絕了。

我聽著鄧肯表達沮喪之情。「我知道這段婚姻不完美，但我從沒想過她會這麼決絕。這真的完全出乎我的意料。」他也懷疑羅琳早就移情別戀，他自己五年前就曾短暫出軌。

一天天、一週週過去，鄧肯持續抗拒。儘管羅琳數度要求，他仍舊不肯搬走，也不配合法律程序。連我也有點想對他說：「你要接受現實啊！」我腦中浮現了一九八七年的電影《發暈》（Moonstruck），女主角由影歌雙棲的雪兒擔當，劇中尼可拉斯．凱吉向她表白，但她不覺得這是好消息，甩了尼可拉斯．凱吉一個耳光，說：「你清醒點！」

不過我說的是：「這對你來說真的很難熬，發現伴侶不想維持婚姻關係，一定讓你心痛得不得了。」鄧肯眼中泛起淚水，低下頭，承認了自己的悲傷與羞愧，說：「我什麼都沒了。這件事對我的打擊太大了。」

鄧肯辦到了ACT法的第一步：接受內在經驗的事實，承認它，並且為其命名。我引導鄧肯走向下一步，說：「這讓人好心碎。也有其他人跟你一樣難過，成千上萬的人同樣面臨伴侶提出離婚，這些人都跟你一樣了解這份痛苦。」

大體而言，鄧肯的字典裡沒有「關愛」這個詞。他成長於嚴苛的環境，弱點遭人利用，軟弱遭人嘲弄，任何一絲溫柔都遭到懷疑。對他來說，打開心房是個陌生又危險的行為。然而這一次，我以寬容的態度與他對話時，他聽進去了。

我接著說：「鄧肯，你會度過這個難關的。」

他深吸一口氣，嘆了一聲，說：「但要是我同意離婚，就等於承認我一事無成，一無是處，而且孤零零一個人。」

我問他，是否願意試試接受和給予關懷的觀想練習。他曾對我說，練習自我關懷聽起來很軟弱，好像要放縱自己或把自己當成小孩似的。不過，這次他願意一試。

觀想練習：激發自我關懷

假如自我關懷很難馬上做到，不妨試試看接受他人的關懷，以及／或是向他人傳達關懷。

我要鄧肯閉上眼，想像曾對他表達溫柔的人或動物，他想到跟祖母有關的回憶，愛他的祖母總能讓他從混亂的家庭中喘口氣。他想像祖母站在面前，露出慈愛的笑容，這時他明顯放鬆下來。他花了些時間繼續想像，包括跟祖母相處、烤餅乾、一同歡笑，沉浸在祖母對他的愛之中，感受她的關愛。

接下來的觀想練習中，我要他想想，面對什麼人或動物時能夠傳達單純、溫柔的愛，他微笑著想起童年養的狗。我要他想像對毛小孩傳送滿懷愛意的能量，鄧肯的表情變得柔和，呼吸慢了下來。我鼓勵他每天花幾分鐘做這兩個觀想練習。

隔週，鄧肯想進一步了解ＡＣＴ。我協助他擬出簡單的ＡＣＴ語句：**承認**——「鄧肯，你現在很痛苦。」**連結**——「鄧肯，世上也有其他人像你一樣，不得不離婚。」**寬容對話**——「鄧肯，你會沒事的，你以前也經歷過難關。」他答應每天花幾分鐘複誦這

> 每個痛苦的當下都是契機。

些量身打造的ACT短句。這對鄧肯而言只是個起點，但後來引領他迎來更大的蛻變。每個痛苦的當下都是契機，他可以將之轉化為關愛自己的時刻。

開始療癒

隔週鄧肯告訴我，他不會再反對離婚，我心想：哇。雖然這對鄧肯來說是件難過的事，但也能釋放他的情緒。好幾個月來糾纏著他的憤怒與抗拒消失了，他終於能開始療癒自己。

鄧肯接下來怎麼樣了呢？有幾件事情發生。首先，他的心恢復平靜，儘管依舊哀痛，不過內在掙扎就此告終。其次，他成為自己的好朋友，不再那麼孤單，也多了些勇氣。第三，藉由擁抱自己的悲傷，他變得願意接受他人的安慰與關懷。這正是自我關懷的弔詭之處：自我關懷不會使你軟弱，反而使你更堅強、開放、更有韌性，讓你有辦法面對嚴酷的現實，因為你會支持自己。你的關注對象起了幽微的轉變，不再把注意力放在痛苦上，而是獲得扶持的感覺，這個轉變本身就有療癒效果。

鄧肯的自我關懷也帶來另一種感受：自己以後會沒事的。透過化解內在的拉鋸，鬆手停止反抗，他如今可以順流前進。即使滿懷深沉悲傷，整個世界依然變得更寬廣，讓他瞥見新的可能。

晤談結束後一年，我接到了鄧肯的消息。他打電話給我，想告訴我後續發展。由於我只會參與案主人生旅程的一部分，假如有人願意告訴我後來的故事，我總是很高興。鄧肯說，他後來搬出羅琳的家，兩人正式離婚；他培養了跑步這個新興趣，加入一個在地社團，認識了新對象。他謝謝我教他學會自我關懷與接受，現在他愈來愈少抗拒，生活愈來愈平靜，也希望這些變化能讓新戀情開花結果。我想會的。

都是因為你

接受的關鍵在於：首先要把重點轉向自身，擁抱自我，接著才能以開放的心胸迎向生命。究其根本，自我關懷正是一種接受的行為，而且無比強大。從自身出發，好好撫慰自己，你才能接受他人、接受其他處境，這一切都源於學著當自己最好的朋友。

強力工具

主要技巧：ACT練習

對於培養自我關懷技巧來說，這是至關重要的核心練習。這項練習是通往接受的門扉，將會貫穿本書。不管是微小的煩躁，抑或是強烈的苦痛，都是你應用這項技巧的機會。

承認你的痛苦。

連結到經歷過相同痛苦的所有人。

寬容地與自己對話。

練習時，別忘了以第二人稱與自己對話。例如：「喔，（你的名字），我知道這對你來說很難。你不是唯一這麼覺得的人。你會沒事的，不要緊。」有意識地使用溫暖、安撫的語調，能夠強化效果。

請明白，你有能力撫慰、療癒自己。研究顯示，溫柔的身體接觸能進一步刺激腦部的關懷迴路，增強受到扶持的感覺。下一頁是能傳達自我關懷的身體接觸，你可以視情況選擇當下最撫慰你的動作，加入練習：

擁抱自己

輕搓雙臂

雙手交叉置於胸前，
左右輪流輕拍

一手放在胸口中央，
一手放在腹部

一手握住另一手，
用拇指輕撫手腕

一手放在額頭，
另一手放在後腦

雙手捧住自己的
臉頰

一手或雙手
放在心口

一手放在胸骨上

額外技巧：想像「接受關懷」練習

閉上雙眼，想像一個充滿愛的人、動物或精神導師，能夠給予你愛、關懷和接納。透過對方的雙眼，凝視你自己。以下提供幾位仁厚慈愛的人物當作例子，你可以從中選擇：德蕾莎修女、聖母瑪利亞、黑天（印度教神祇）、耶穌、佛陀、觀音菩薩、祖父母、教練，或是你養的第一隻寵物。透過觀想的方式，想像對方用滿懷溫情的目光凝視你，用關懷的語氣對你說話；想像對方向你傳達溫暖、愛意、同理心，甚至是給你一個擁抱。戴上他們的「濾鏡」，透過他們的視角觀看你自己。

你的身體有什麼感受？深呼吸。

額外技巧：想像「傳達關懷」練習

閉上雙眼，想像你對遭遇困境的人或動物表達關懷，對方可以是個孩子，或是你認識的人，無論是否仍在世都無妨。你可以想像一隻小貓小狗，看起來迷茫無措、渾身溼透、害怕不已。想像你向對方傳達溫暖、關愛、疼惜與溫柔。

看著對方時，你有什麼感受？你能向對方傳達什麼樣的溫情？你想怎麼撫慰對方？想像你給對方一個擁抱、一些吃食、一個善意之舉。你的身體有什麼感受？深呼吸。

‘弔詭的是，
當我接受自己本來的樣子，
我就開始改變了。’

—— 卡爾·羅哲斯（Carl Rogers）

3

接受自己

克勞德・安信・湯瑪斯十八歲自願從軍，參加越戰，在戰場大顯身手，獲頒不少獎章，還因驍勇善戰獲得紫心勛章。然而戰後他陷入困頓，深受創傷後壓力症候群所苦，開始濫用毒品、酒精以麻痺痛楚，自覺一文不值、內疚自責、迷茫無措，由於自己在戰時造成的傷亡而自我痛恨。

幾年後，在尋求療癒與內在平靜的旅途中，他認識了越南僧侶一行禪師，了解什麼是關懷與接受。一行禪師邀克勞德前往他在法國創立的禪修中心「梅村」，於是克勞德住進梅村當中的下村，那裡也住著一些越南人。克勞德緊張又害怕，不知道這些舊日敵人是否願意接納他，因此他深入森林，在距離村落四分之一哩處搭起帳篷，又在帳篷四周設置詭雷。即便過了這麼多

年，他仍舊無法判斷誰是敵誰是友。

克勞德在自傳《正念戰役》中，描述他獲得了無條件的接納，這段經歷改變了他。他寫道，他對真空法師說他在帳篷四周設有詭雷，然而真空法師全盤接受了他這麼做的需要。法師告訴克勞德，如果他需要詭雷的保護，沒關係；如果他哪天準備好拆除詭雷，那也很好。他從沒體驗過這種程度的全然接納。

那裡的越南人愛克勞德，也幫助他療癒自我。他們接受克勞德的過去，接受克勞德本來的樣貌。在他療癒的過程中，接受扮演了重大角色：由於他感覺到越南人的擁抱與支持，他將這份接受內化，從而接受了自己。多年後的如今，他也成了禪師。

受人接納的療癒力

好的心理治療之所以能夠在療癒過程中發揮強大作用，主因正是治療師創造了一個環境，讓案主獲得無條件的接受。如同克勞德那些越南朋友，治療關係本身也能帶來接受與療癒。

一名案主曾對我說：「好啦，既然你知道了我所有的黑歷史，是不是要叫我滾蛋了？」但讓她深受感動的是，我回答她，那些祕密和脆弱在我眼中不是黑歷史，而是她豐富人生經歷的重要環節，無論她告訴我什麼事，我都會陪著她。從許多角度而言，心理治療的場域就像現代版告解室，我每天傾聽案主不敢對任何人訴說的事，當個安全的樹洞守護他們的祕密，讓案主明白我接納他們的感受、接納他們原本的樣貌。一如克勞德．安信．湯瑪斯，對許多人來說，獲得另一個人的接受會引發內在的蛻變，邁向接受自我之路。

“內在的鑰匙掌握在你自己手中。”

好消息是，想接受自我用不著去心理治療，也用不著去禪修中心。內在的鑰匙掌握在你自己手中。實際上，我的案主都是憑藉自身力量實現自我接納，我所做的不過是播下種子。在你閱讀本書的過程中，你同樣種下了種子，終有一天能夠以全新的方式與自己相處。你可以學會撫慰自己、理解自己、接受自己；你可以學會如何發揮內在力量辦到這一切，只為自己。

無論何時都接納自己的感受，是個不錯的起點。

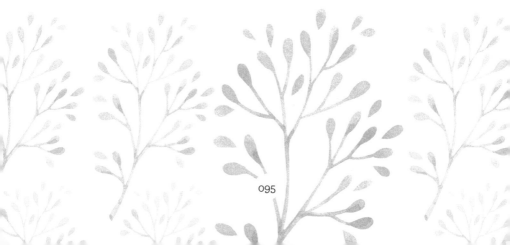

開始行動

法蘭克闖進我的辦公室，一屁股坐下，衝口而出：「我的問題就是該死的眼淚，我天天哭，可是不能再哭了，我討厭這樣。你一定要幫幫忙，讓我不再哭個不停。」

法蘭克高齡八十七歲，自從七年前愛妻夏琳過世，便斷斷續續來找我晤談。他倆的愛情堪稱雋永傳奇，跨越三十年，波瀾萬丈，媲美好萊塢電影或義大利歌劇中的靈魂伴侶。失去妻子讓法蘭克如墜深淵。

法蘭克跟夏琳直到中年才相遇，一相識便如膠似漆。夏琳年紀小他八歲，法蘭克一直認定自己會先走，想不到夏琳診斷出癌症四期，不久便撒手人寰，大出眾人的意料之外。

當然，我從未見過夏琳，卻覺得我十分了解她。法蘭克分享了許許多多關於她的故事，說她為人大方，性格善良，神情慈愛，是她的愛讓法蘭克成為更好的人。

晤談期間，我讓他明白哀痛是正常的，分享他的悲傷，促使他了解這份美好的愛情會永遠是他的一部分。即便夏琳已不在人世，也不代表這段關係已然結束；恰恰相反，她每分每秒都陪在法蘭克身邊。

雖然法蘭克肝腸寸斷，他仍設法保持對生活的熱情，持續旅行、駕船出海、與他珍愛的滿堂兒孫共度時光。可是，每次他前來晤談，都會搖著頭說道：「我有辦法走出失去夏琳的打擊嗎？」我則會說：「失去摯愛是走不出來的，你會每天帶著無窮的失落與無窮的愛，繼續活下去。」

這天早晨，法蘭克在這場情緒抗戰中節節敗退，要我幫助他止住每天哭個不停的淚水。接受的藝術始於承認自身經驗，於是我運用ACT句型（參見第二章），溫和地說：「〔**承認**〕法蘭克，你不喜歡哭泣，失去所愛加上你對妻子離世所產生的情緒，都讓你非常難熬。〔**連結**〕你正在哀悼，歷史上有無數人都曾像你一樣哀悼。〔**寬容對話**〕法蘭克，你承受了強烈的傷痛，但一切都會沒事的。對你和其他人來說，你的淚水證明了純粹豐沛的愛是天賜的禮物，也反映了你對夏琳的愛，讓你與她更加靠近。」

他看起來有些不好意思地說：「嗯，我從沒這麼想過。我想哭一哭也沒關係吧。」他的抗拒逐漸鬆動。

再度見到法蘭克時，他說他不再抗拒哭泣，反而歡迎淚水，將之視為他與夏琳彼此相繫的象徵。此外，他對自己的憂傷也溫柔許多；他明白自己承受巨大傷痛，原因無他，恰恰是因為他曾經（也始終）擁有無比珍貴的愛。

文化流行病：自我厭惡

往往，我們不光痛恨自己的感受與症狀，甚至會痛恨自己。一九九〇年，一場研討會在印度達蘭薩拉舉行，西方哲學家、心理學家、科學家、靜心冥想專家與一名知識淵博的僧侶交流，探討有關心與靈魂的議題。在問答時間，冥想導師雪倫．薩爾茲堡（Sharon Salzberg）問僧人：「你對自我厭惡有什麼看法？」僧侶面露驚愕，接著與口譯員交談，反覆追問這句他無法理解的翻譯。

最後，他轉向雪倫，偏頭用英文問道：「自我厭惡？那是什麼？」

參加研討會的人解釋道，自我厭惡在西方人當中是相當普遍的經驗，各行各業的人都可能遇到。僧侶發自內心感到好奇，覺得這個現象既奇怪又沒有必要。討論到最後，他說：「我以為我很了解人心，但現在我深切感受到自身的無知。我覺得這現象非常、非常奇特。」

在西方文化中，多數人都經歷過某種形式的「自我厭惡」。事實上，我們腦中存在負向認知偏誤，這是經演化而來的天生傾向，會時刻提防、留意並記住環境中的危險因子，我們的祖先借助這個特質提高生存機率。然而，由於西方文化的個人主義和競爭意識，負向認知偏誤的關注焦點變成了我們自己，造成自我厭惡如瘟疫般散播。

對許多人來說，負向認知偏誤創造了極其嚴苛的內在批判者，不時耳語著：「你不夠好。」「你以為你是誰啊？廢物。」「你不夠聰明。」「大家都知道你是假貨。」幾乎每個人都體驗過某種形式的自我批評，這聲音可能微弱，可能大聲得嚇人，也可能極盡羞辱、貶損、輕視之能事。

如果你跟多數人一樣，無論年齡、教育程度、財富多寡或性別，必定體驗過這種謬誤而幽暗的恐懼：「我不夠好」。矛盾的是，儘管這是普世經驗，**在經歷自我批判後，人人都會感到孤立無援。**

我眼前浮現了許多畫面：辦公室中，大家坐在我對面的諮商用沙發上，告訴我同一個故事的各種版本：「我不夠好。」類似情景年復一年持續，長達數十載。我彷彿看見四十歲女子抱怨她不夠瘦，六十歲女子抱怨她不夠年輕；我記得有個善良的爺爺對我說他是個笨蛋，充滿魅力的肉感女生說她痛恨自己的身體，聰明的年輕男子說他每次看到鏡中倒影就忍不住瑟縮。

靈性導師塔拉．布萊克（Tara Brach）著有《全然接受這樣的我》一書，她將這種自我批判稱為「缺乏自我價值的迷惘」。每個人都容易認定自己沒有價值：不值得受人喜愛、缺乏吸引力、沒有值得被愛之處、不夠聰明、不夠好。塔拉指出，多數人都有種誤解：自己絕對哪裡出了大問題、哪裡丟臉，所以我們可以毫不留情又惡毒地對待自己。

改變與自己的關係

二〇一八年有部輕鬆笑鬧的喜劇電影《姐就是美》，由艾米・舒默擔綱演出女主角芮妮，她是名長相平平的年輕女子，缺乏安全感，非常討厭自己，唯一的願望是變漂亮，因為她認定美麗就是幸福的鑰匙。她在運動課程中撞到頭，突然以為自己變得又瘦又美，但其實她的外貌與先前無異。由於認知變了，她的整個世界也跟著不同，隨之產生自信、改變生活態度，讓別人不自禁受她的熱情感染。

電影尾聲，芮妮恢復原狀。剛開始，失去「美貌」令她大為驚恐，後來卻發現其實她的外表從來沒變過。然而她也醒悟，在她仍以為自己是超模等級的絕色美女時，散發出來的自信在旁人眼中極富魅力；她於是認清，美是愛自己、接受本來的面貌，以自己身為芮妮為傲，跟外在無關，是由心而生。因此，她發現了接受自我的力量與迷人之處。

這部精采的電影傳達了強而有力的訊息：「對自己的愛，是蛻變的主要力量」。這聽起來可能很弔詭，事實也是如此；不是為了改變而接受自己，而是在接受自己的過程中產生改變的空間。

芮妮因相信自己的美而擁有自信，萊亞・伊曼努爾獲得自信的方式，則是揭露不符傳統審美標準之處。萊亞是名青少年網紅，她發布一系列青春痘自拍，獲十萬多名粉絲追蹤。正因她決定分享身上「不好看」的地方，才引起全球青少年的共鳴。接受自我的起點在於分享不加粉飾的真實，歌頌通常受到遮掩的事物；不是只有觀看者能夠決定什麼是美，受觀看者同樣能夠決定。

自我關懷是指由某部分的你，傳達愛與善意給另一部分的你，那個你經常產生不公平的負面思考與批判。自我關懷不代表要消除或改變這部分（儘管改變確實可能到來），而是給予關注。面對自我批判的那個你，ACT練習是種與自己溫柔相處的方式，高我將引領你到達新的境界。

實踐自我關懷的ＡＣＴ練習可能會是這樣：**承認**——「這念頭好過分，被這樣嚴厲批判太痛苦了，你一定很難受吧。」**連結**——「你不是唯一會這麼想的人，每個人天生都會負面思考，覺得自己不夠好是大家都有的經驗。」**寬容對話**——「你盡力了，你現在這樣就很好，你是特別的。」

ＡＣＴ練習能軟化抗拒心態，讓你內在的所有部分與現實和解。只要多加練習，就能養成自我關懷的習慣，改變腦中的神經連結，使內心獲得平靜，創造愛自己的全新神經路徑。

「如果有什麼是神聖的，
那就是人體。」
—— 華特・惠特曼（Walt Whitman）

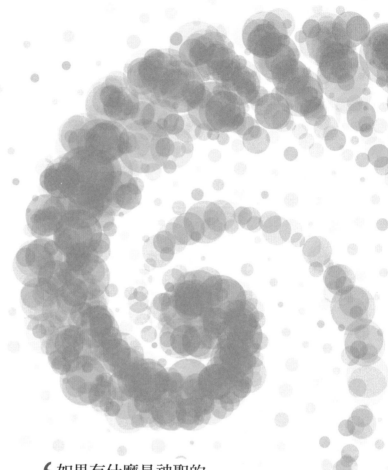

付諸實踐

蘇珊娜四十二歲，長久以來飽受體重問題困擾。第一次找我晤談時，她正與憂鬱症奮戰，對她而言，工作很難，照顧孩子很難，甚至連起床都很難。

蘇珊娜想減掉二十三公斤，認定只要減肥成功她就能愛自己，人生也會更美好。然而，她試遍各種減重方法，卻沒有一個發揮效果。由於她無法堅持飲食習慣，她變得更加討厭自己。

她愈是自我批判便吃得愈多，接著又因為吃太多而痛批自己。我們都明白，人在自我厭惡時也可能為了懲罰自己，而做出自毀行為。蘇珊娜的抗拒心態造成惡性循環：抗拒使她身陷絕望與痛苦，這些痛苦又令她對生活各方面產生抗拒。

蘇珊娜這輩子都在跟自己奮鬥，在這份抗拒的深處，她其實已經厭倦了奮鬥，只想感受到被愛，獲得平靜。想到達任何目的地，都必須從所在之處向前進，對蘇珊娜來說，這條路的起點正是她自我厭惡的真切心情。她運用ACT自我關懷法，從留意並承認自身痛苦開始。蘇珊娜的自我對話如下：

承認──「蘇珊娜，我發現你每次觸碰腹部時都會覺得反感。你討厭自己的身體，希望身體不是現在這副樣子，這真的讓你很痛苦。」**連結**──「不是只有你不喜歡自己的身體，很多女人都受體重問題所苦。」**寬容對話**──「你值得過快樂的生活。我會陪著你，你可以接納不同的感受。或許還有別的方法。蘇珊娜，我愛你原本的樣子，體重不能定義你。」

蘇珊娜天天練習這段自我對話，對自身的態度開始鬆動，隨著她從自我攻擊轉向自我支持，負面感受慢慢好轉，她開始有餘裕逐漸改變觀點，情緒也發生了變化。與此同時，我協助她培養感謝的能力，謝謝身體為她付出的一切：雙腿助她在世上前行，雙眼助她看見事物，雙手讓她能夠打字，手臂受了傷能夠奇蹟般痊癒。漸漸地，她明白身體的精妙、實用，甚至神奇之處。

時間流逝，蘇珊娜變了。她反覆肯定並承認自身的痛苦，將自身經歷連結到普世經驗，寬容地與自己對話，後來，她接受了現在的自己，內在更趨平靜。當她用不同的方式看待自己，便也開始用不的同方式經營生活。正如你想像，一個人對自己充滿愛的話，就會自敬自重，細心照護自己。她的人生慢慢改變。

自我關懷與接受是相輔相成的創造歷程，需要花時間培養，但成效會有加乘效果。人不會只吃一餐就心想「我這輩子都飽了」，不會某天做了運動就心想「我這輩子的體態都完美了」；同理，光是對自己說了句好話，負面思考並不會消失。自我關懷是通往接受的鑰匙，必須養成習慣，反覆進行。這不只是種看待自己的新方式，更是與自己相處的新方式。

勤加練習，一次一小步

神經科學表明，重複特定行為會改變腦部。有關神經可塑性的研究指出，在人的一生中，人腦是能夠改變的，而改變奠基於重複的行為。要改變腦部的另一種方法是自問：「我想要對什麼很拿手？」比方說，倘若不斷重複自我批判的習慣，就會變成自我厭惡的專家；不斷重複被激怒的習慣，就會變成攻擊的專家。可是，做個自我關懷的專家不是更好嗎？

心理學教授蕭娜．夏比洛（Shauna Shapiro）在二〇一七年發表TED演講，主題是「正念的力量」（The Power of Mindfulness），廣受歡迎。她在演講中解釋，神經可塑性意味著「持續練習就會進步」。蕭娜想培養愛自己的習慣，於是先從小目標開始做起，每天早上對自己說：「早安，蕭娜，希望你有美好的一天。」加強對自己寬容的習慣之後，她又在每天早上多加一句話：「蕭娜，我愛你。」她說，一開始做起來很不自在，不過時日一長，她漸漸接受、內化了這些訊息。不久，她發現自己變得比較快樂，也對生活比較滿意。因為只要持續練習就會進步，如果你透過自我關懷來練習接受自己，就會漸漸將接受給內化。

＊接受自己，

不代表停止追求進步。

＊接受自己，

意味著愛自己真實的樣子。

多個部分，一個整體

要是你依然認定自己不值得被愛，或至少有特定部分不值得被愛，那該怎麼辦？要是你做過壞事怎麼辦？每個當下都是由過去累積而成，一如樹皮之下的年輪。每年，樹木會從中心向外生長，形成同心圓，其中一些年輪會反映乾旱、洪水、漫漫嚴冬，但每一輪都是整棵樹的一部分，支撐著樹的重量，一年年變得越發強壯。就像年輪一樣，我們體內藏著過去每個自己、每段經歷，如果能接受每個面向都不可或缺，構成了如今的我，我們將會更有力量、更完整。

還記得嗎？越南人接納了克勞德，克勞德因此接納了自己。克勞德曾奪走無辜性命，令他產生心魔。他必須接受事實：沒錯，他當過軍人，現在則努力克服毒癮；但是，他同時也是人父、人子、吉他手、靈性追尋者，這些全部都是他。當他能夠接受這些部分，並將每個部分整合成完整的自我，他便獲得了療癒的力量。他說：「我歡迎這些部分，讓每個面向與當下的我合而為一，這麼一來，我就能全心投入生活……我但願自己不曾殺人，然而我的確殺過，排斥這個事實等於排斥我自己，也等於拒絕承認我做過這些行為的現實。」

“就像年輪一樣，
我們體內藏著過去每個自己、
每段經歷。”

與各個部分溝通

我們都有許多要素、許多面向、許多部分，也許是自我批判的部分、批評別人的部分、不寬容的部分、寬容的部分、受傷的小孩、明智的長輩、充滿關懷的靈魂、自私的小鬼頭、無私的天使。內在家族系統（參見第六十七頁）的創始人里查・C・史華茲博士（Richard C. Schwartz, PhD）說明，內在世界可說是由多個元素組成，人人都能學著與每個部分溝通，學著理解自己。這套理論有個假說：即使有些部分看似傷害了你，其實每個部分都在盡力保護你。

根據史華茲博士的觀點，每個部分都渴望受到接納、理解與欣賞。因此，我們的目標不是抹消某個自我，而是要了解、擁抱每個自我。有時，這代表要降低某部分的控制權。舉例來說，嚴厲批判的你可能是想保護你不受傷害，以為只要挫挫你的銳氣，你就會採取保守作風，不冒任何情緒上的風險，從而避免失敗。許多部分都曾在童年時期發揮關鍵作用，協助我們度過難關，但長大之後往往已經不需要它們了。因此，你可以告訴那個部分：「交給我就好，你不用擔心也不用保護我，無論發生什麼，我都不會有事的，你可以放輕鬆去休息。」

我認識四十八歲的瑞克時，他深受暴怒問題的困擾。他從沒接受過心理治療，現在還是不相信晤談，偏偏老闆威脅說假如他再不解決憤怒控管的問題，就要叫他走人，他迫於壓力只好來找我。

瑞克對自我關懷不怎麼感興趣，覺得聽起來很軟弱，認為在他激動或是憤怒時「教訓自己一頓」才會有用。不過他願意試試正念冥想，因為聽起來似乎很科學。晤談一個月後，他比較能夠自在面對內心世界，這時他開始辨識出「憤怒念頭」，也開始有能力區分自己跟那些念頭。

後來，我向瑞克解釋不同自我的概念，他也能夠理解。他憑直覺辨識出內心有憤怒自我、神聖自我、深愛女兒的父親自我、溫柔丈夫自我、批判自我，不過想當然，擁有主導權的多半是憤怒自我。

有天，他答應閉上雙眼，讓我引導他做觀想練習。我請他的每個自我一起聚會，他選擇一個會議室當作聚會場所，裡面有張桌子。我們逐一邀請每個自我入座，瑞克描述他們是誰、在他生活中扮演什麼角色。

「憤怒自我不想坐到桌子旁邊，他很火大。」瑞克說，呼吸急促起來。

我溫和地問：「他幾歲？」

瑞克輕聲說：「大概八歲。」

我說：「能不能請你告訴他，他想待在哪裡都可以，只要他自在就好？而且他會很安全的。」

瑞克仍閉著眼，淚水滑下雙頰，說：「問題就在這裡，這孩子從來不覺得安全。」

在這次晤談中，瑞克運用充滿愛的成人自我，撫慰內在的八歲小男孩，也就是他幼小的憤怒自我。原來，小男孩曾遭酗酒的媽媽虐待，所以很快學會這世界一點也不安全。這次晤談是個突破，發揮了強大的療癒效果。

從那以後，瑞克較能接受運用自我關懷來撫慰自己的概念，他將之理解為「某個自我好好對待另一個自我」。他逐漸明白，世界基本上是安全的，而且他能當自己的好朋友。之後，他不再那麼容易被激怒，在職場上也變得較好相處。

更上層樓

接受自我代表和自己建立獨特的關係，這是個持續變動的過程。你與自我的關係會持續發展，如果把熱情當成一個光譜，這段關係可能會落在任何位置：禮貌的點頭、友善的握手，或是滿懷愛意的擁抱。如果想更進一階，把接受自我的強度從「溫和容忍」提升到「極度自愛」，有個方法是靈性轉化。

不妨實驗看看，將自己視為廣闊世界中備受珍愛的一部分。在人類歷史中的這一刻，你存在於此，世上再也不會出現相同的基因組合，你宛如雪花般獨特、不可取代，過去從未有和此刻的你一模一樣的人，往後也不可能再有。你是特別的，是神聖的；在時間長河中的這一瞬，在大自然的網絡之中，你是備受珍愛、不可或缺的存在。

像這樣轉換觀點，基本上是種靈性體驗。假如你開始視自己為人類軀體中的靈性存在，你會明白世上有比你更恢弘的事物、更崇高的力量、更強大的神靈、更超凡的境界，而你與那存在本為一體。你可以將這個存在稱為大自然母親、神、靈、達摩、真

主、宇宙、至善，也可以不賦予任何名字；受到神聖力量接納、珍視的體驗，能為你的生活帶來全新意義。

我鼓勵你探索這條道路，視自己為神聖萬物中備受珍愛的一分子，愛自己、接受自己。

記住，今日之你並非昨日之你（每隔七到十年，你體內的細胞就全數汰舊換新了一輪），今日之你也不同於未來之你。倘若從今天起踏上接受自我之旅，未來的你想必會感謝你。

強化接受自我的「肌肉」以後，你將產生足以接受一切的強大力量。

強力工具

主要技巧：穿越時空練習

找出一張小時候的照片，想想看當那個孩子是什麼感覺，作為你這個人長大的過程是什麼感覺。閉上眼，想像現在的你站在小時候的你面前。現在的你想對小時候的你說什麼？你能抱抱那孩子嗎？你能不能告訴那個小孩，他長大時會發生什麼事？那個小孩有話想對現在的你說嗎？直到現在，那孩子仍是你的一部分。

額外技巧：鏡子練習

早上或傍晚，站在鏡子前時，仔細觀察你的眼睛。（不要批判皺紋、痣跟雀斑。）凝視雙眼，下定決心看見表象底下的你。告訴自己：「嗨，你真棒。」接下來，更深切地凝視自己，端詳如今閱歷豐富的你。你要明白，你並不完美，你只是個人，但不完美就很完美了。看看你是否對自己感到憐惜，溫柔看待犯錯的你，拚命的你，嘗試的你，付出愛的你。告訴自己：「你很好。你就是你，而且你一直在努力。你是非常特別的人。」

額外技巧：真摯唱咒練習

1 深呼吸，吸入腹部深處。

2 單手或雙手按在心上，反覆唱誦以下句子：

「愛圍繞著你。
愛在你心中。
你充滿了愛。」

3 重複兩次。

“以善意對待每個
與你相逢的人，
因為每個人都在奮鬥。”

—— 柏拉圖

4

接受他人

我剛認識老公丹尼爾時，他會吃生肉，無肉不歡。我們都熱愛培根起司漢堡跟慢烤香豬排，冬天的週日經常享用辣肉醬配飯，一起煎豬排、品嘗燉牛肉、大啖牛腰肉（美國東岸的家常菜）。美食建構了我們之間的相處習慣，也是許多浪漫回憶的重要元素。

後來，丹尼爾決定吃素。他沒有要我跟著吃素，可是自己一個人吃水牛城辣雞翅的感覺終究不同，飲食不再是這段感情的獨特情趣，反而製造了雙方之間的鴻溝。於是，我也決定吃素。

如此一來，我們就能一起享用手工乳酪拼盤跟各種口味的歐姆蛋，也發掘了新的趣味，像是兩人小火鍋、香料鹹派、西班牙烘蛋。我們嘗試各種熟成切達乳酪、開發創意料理，比如蛋料理、乳酪料理、餅乾抹花生醬等。

然後，丹尼爾決定吃純素。這下還有什麼能吃的？我們充滿情調的食物探險之旅驟然告終，我很傷心，真的很傷心。丹尼爾徹底改頭換面，追求新的目標，和我結婚時他是個農家子弟／獵人，如今卻拒吃任何動物產品。我大為震驚，滿腦子想著：**你已經不是跟我結婚的那個人了！**

當然，比起伴侶出軌之類的大事，接受配偶飲食習慣改變算是輕微多了。可是對我而言，這件事引發了類似的抗拒反應，腦中的念頭紛至沓來：**不要變！我不想要這樣！停止！我們回到以前那樣吧！**

隨著時間流逝，伴侶自然會經歷各式各樣的變化：「我們結婚時你還有頭髮。」「你以前尺寸都穿S號。」「剛認識的時候，你的膽固醇很低。」「你那時還不信教呢。」沒錯，我們時時刻刻都在改變……有些是讓人高興的轉變，有些則不受我們歡迎。

不幸的是，多數變化都是我們無法選擇或控制的，尤其是別人的改變。也有些時候，我們希望某些人能夠改變，對方卻違逆了時間那看似理所當然的流動，反倒始終沒變。

太多年輕情人會心想：「喔，他會變的，等我們結婚，他就會少喝一點了。」（結果沒有。）或是：「她會變的，過幾年她就會想生小孩了。」（結果她還是不想。）這讓我想起一九九六年的外百老匯音樂劇：《我愛你，你太完美了，快改變吧》（I Love You, You're Perfect, Now Change）。

改變的諷刺之處在於，就算變化終將到來，也不能寄予厚望。總有些人是我們希望會變，最終卻沒有變；也有些人是我們希望不會變，最終卻變了。

喪禮上的姊姊

茱蒂在父親的喪禮前來找我晤談。她跟弟弟不親，打從弟弟幾年前搬去加州便沒再見過他。如今父親過世，親戚紛紛趕來波士頓參加紀念儀式。

茱蒂對弟弟心懷怨憤，他並未參與父親的臨終照護，所以茱蒂希望他做下列幾件事：一、為自己沒做的事道歉；二、感謝她做的一切；三、負起一點責任，處理紀念儀式的所有事宜。

我傾聽茱蒂的擔憂、感受，以及長年積累的心結。這風趣奔放的弟弟說不管就不管，跑去過自己的日子，留下她這個充滿責任感的女兒，多年來獨自照料父親。

「如果約翰可以負起責任——就這麼一次也好，我一定要讓他照做！」茱蒂大表不平。

茱蒂不僅哀傷，也盼著弟弟達成她的期望，即便這份期待並不符合弟弟平時的行為表現。她既為父親離世感到哀傷，也因弟弟不合乎期望而哀怨。

為了走出陰影，尋求平靜，茱蒂想要改變弟弟，但這麼做自然是徒勞無功。即便多年來不斷嘗試，她依然無法讓弟弟改變。茱蒂並不明白，令她痛苦的恰恰是她對弟弟的抗拒，除非她接受弟弟這一刻原本的樣子，接受弟弟的所有缺陷，否則她的心永遠無法獲得安寧。

這份痛苦的核心，是她抗拒自己無力改變的事物。好消息是，你其實是有力量的，鑰匙就掌握在你手中。儘管此時的茱蒂尚未想通這點，但她非常清楚自己很痛苦。

初步行動

最開始，我單純指出了茱蒂的抗拒，並向她介紹自我關懷的概念。像很多人一樣，這是她頭一次接觸自我關懷，她生怕這不會讓她更堅強，反而更軟弱，甚至覺得有點罪惡感，彷彿自己不配似的。我們往往能輕易關懷他人，反倒很難關懷自己，這不是很奇怪嗎？

茱蒂接受了她對自我關懷的抗拒，於是根據ACT法（參見第二章）擬定以下自我對話：**承認**——「茱蒂，我知道這對你來說很難，你覺得既尷尬又不自在……其實還有點瞎。」**連結**——「很多人都沒辦法自我關懷。」**寬容對話**——「寬容地和自己對話可能不容易，但你的心需要寧靜，你值得獲得寧靜。沒事的，你很好。」

儘管覺得做起來很怪，不過由於茱蒂迫切渴望擺脫抗拒的苦楚，所以她全心投入這個練習。她持續承認每個當下的痛苦，連結到其他面臨相同困境的人，寬容地與自己對話。過了不久，她開始能對自己說：**承認**——「茱蒂，我明白你壓力很大，你希望約翰不是現在這樣的人，這真的讓你好氣惱。」**連結**——「你不是第一個對兄弟姊妹失望的人，還有其他人懂你的感受。」**寬容對話**——「親愛的，深呼吸，你會度過這一切。」

父親的葬禮結束後一週，茱蒂來跟我晤談，她說那個週末有成功之處，也有失敗之處。她還沒辦法全然接受弟弟，一再陷入舊有的思考模式，期盼他不是現在這樣的人。然而，她成功接受了自身的抗拒，以關懷的態度，承認自己正在受苦。當她明白自我接納是極為個人的創意歷程，受的苦便大幅減輕，讓她頗為驚訝。

茱蒂成功地寬容對待自己。每當她故態復萌開始生約翰的氣，她便將注意力從約翰身上拉開，溫柔面對自身經驗。她搖著頭承認道：「情況本來可能糟糕得多。雖然我狂翻白眼，但至少我沒對約翰大吼，也沒逼他道歉。」她說，就算約翰對她的態度沒有特別好，起碼她對自己充滿善意。茱蒂不再任憑約翰掌控她的情緒，而是尊重、接受自我，這份全新的能力讓她深受鼓舞。

或許在未來某一天，茱蒂能夠順應現實，接受約翰原有的樣子，不再期盼他改變（告訴自己：約翰就是這樣。）不過就現階段而言，她已經能夠順應自身經驗。在這寬闊、深沉的自我關懷之中，蘊藏著改變的種子。**接受自身經驗，會為你打開接受他人的大門。**

接受一個人的全部

我聽過這樣的話：「我喜歡你是因為……／即便你……但我還是愛你。」（出自Netflix電影《老闆送作堆》）剛開始我不懂這些話，因為聽起來有一點負面，比方說：「即便你每次都不放下馬桶坐墊，而且老是遲到，但我還是愛你。」聽起來像是拐個彎罵人。

然而仔細思考過後，我發現這些話其實傳達了無條件的愛。「雖然你……我還是愛你。／我愛你的優點跟缺點。／儘管你犯過錯、有怪癖，但我依然愛你。」我們不都有些怪癖嗎？「我接受你的一切。」人人渴望無條件的愛，那是無與倫比的大禮。

孩子還小時，我常告訴他們，不管他們做了什麼，我都會愛他們——就算在學校成績不好、撒謊、搬去遙遠的地方、選擇我不喜歡的職業、選擇我不喜歡的伴侶，我都會愛他們。就算染上毒癮、手腳不乾淨或殺了人，我還是愛他們。我是認真的。

我自然不希望會有這種事，但我無論如何都想要愛他們，這是我真心誠意的渴望。

我沒料到的是，有天長女希拉蕊會讓我心想：「就算你說你恨我，而且好像不愛我了，我依然愛你。」然而，這個情況確實發生了。

‘人人渴望無條件的愛，
那是無與倫比的大禮。’

難捱的時光

希拉蕊十四歲時，我向她的父親提出離婚，她大受打擊。她一向纖細敏感，眼見熟悉的世界在青少年時期轟然崩塌，使她不堪負荷。當然，我心裡很不好受，也滿懷內疚。我做這個決定是為了讓生活更好，卻對希拉蕊的生活造成反效果，因此我十分難過。

不久，希拉蕊的痛苦化為憤怒宣洩而出，滿腔怒火衝著母親而來，也就是我。接下來好幾年，希拉蕊對我飽含怨毒，我們兩人都痛苦不堪。即便我知道她是因為受了傷才攻擊我，即便我能夠明白也能夠原諒，承受這股怒氣依然十分煎熬。

希拉蕊有時對我咆哮，有時躲著我；她變得對迴避溝通相當拿手，不管我做什麼，都只會引來她的白眼與批評。最令我難過的是，希拉蕊在體育課撞到頭，學校護理師打電話通知我，我趕到時，躺在床上休息的她大聲對護理師說：「我不要她來。」我的親生女兒毫不掩飾她對我的敵意。

最後，我自己一個人去諮商，因為希拉蕊不肯跟我一起去。我說起女兒是怎麼討厭我、在她小時候我們有多親近、我找不到任何解決辦法，不禁眼眶泛淚。

充滿智慧的諮商師搖搖頭，說：「親愛的，這真是痛苦。我們所愛的人總是傷我們最深。」她用安撫的語氣繼續說：「你不孤單，也有其他人正因青少年的怒氣而受苦。你只要今天接受她就好，未來會有什麼發展沒人知道。沒關係的，只要今天就好。」

結束諮商時，我覺得受到理解與安慰。臨走前她補上一句：「對自己溫柔一點，經歷這一切不容易。」

由於這次經驗，我明白了幾件關於自己的事。我明白，自己可以從小目標開始，要接受某人或某件事物的話，一次只要一天就好。我明白，先關懷自己也沒有關係，對希拉蕊的關懷會隨之而來。

我自己的ACT腳本是：「愛希麗，這真的好難，你不希望深愛的孩子對你關上心房，你好心碎。你不是第一個被兒女討厭的父母。你是充滿愛的母親，會度過這個難關的，一次只要一天就好。」

多年後，我們彼此和解，十分幸福。

受傷的人會傷人

一個人深陷憤怒、採取防衛反應時，其實是覺得受傷或害怕。憤怒能保護我們的痛苦，這是我們都有的經驗。《全然接受這樣的我》作者塔拉．布萊克描述過這樣的情景：你在森林遇到一隻狗，不住對你低吼、吠叫，你害怕地往後縮，甚至開始氣這隻有攻擊傾向的惡犬。接著，你發現狗的腳掌被陷阱夾住，牠之所以胡亂發怒，是因為身受劇痛。你的恐懼化為同情與關心；無論你是否有辦法解救這可憐的動物脫離陷阱，你對牠的觀點已然改變。

不管是你受困在源於抗拒的怒氣中，抑或是別人對你發怒，兩者的共通點都是痛苦。你們都渴望得到關懷，也值得受人關懷。

受傷的人會傷人，這是不變的道理。生而為人，我們本就容易受傷，舉世皆然。

意料之外的導師

只要記住，無論年齡、國別、文化，與你相遇的每個人純粹是想要被愛；只要明白他們受了傷，你就會更願意原諒。每個人都渴望幸福，都會經歷苦難折磨，在這方面人人平等。我們都是彼此的導師與學生。

在生活中，能夠促使我們了解自我的人，就是意料之外的人生導師。這樣的導師有可能是任何人：討厭的老闆、差勁的前夫前妻、突然插進前方的那輛車、不合乎你期待的子女、未能滿足你需求的父母、不誠實的業務夥伴。

「念眾生恩」是一句極其強大的佛教禪語，也是冥想的口號。假如生活中有誰為你帶來挑戰（可能是他們不肯接受你，可能是他們令你難以接受），你該克服的挑戰是停下來，看穿表象，明白他們都像你一樣，擁有需求、渴望和脆弱之處。我們擁有共通的人性，正因如此，持續練習自我關懷的話，總有一天會進階到關懷他人的層次。

當然，做起來可能很難。沒關係。如果覺得感謝敵人太過分，不妨溫和地回歸自我關懷，留意這份抗拒。告訴自己，也有其他人和你一樣，要面對憤怒、氣餒或羞愧。現在的你已經很好了。接受他人之前，必須先接受你對那個人的情緒。**自我關懷會引領你接受自我；接受自我會引領你接受他人。**

想像接受他人的關懷

接受他人實際做起來是什麼樣子？我來說說珊曼莎與葛雷格的故事。兩人正在辦離婚，彼此十分痛苦。珊曼莎說她恨葛雷格，因為葛雷格背叛她、拋棄她，傷透了她的心。葛雷格似乎也恨珊曼莎，態度殘酷又充滿敵意，一向很擅長激怒她。

珊曼莎來找我晤談的時候，離婚手續仍在進行，她覺得自己快崩潰了。我心知不能要她感激葛雷格，也不能說葛雷格是她的導師，因為她還沒準備好要聽這些。然而，我也明白，接納葛雷格原本的樣子是她得到安寧的唯一方法。

起先，葛雷格的各種要求、用詞尖銳的電子郵件跟簡訊，總令珊曼莎激動不已（她也總是回以更尖銳的言詞、更過分的要求），因此她很難停止關注葛雷格，從而覺察自身的痛苦。一開始，自我關懷對珊曼莎來說太難了，所以她先想像從爺爺身上接受關懷。爺爺拉拔她長大，是她安全感的來源。珊曼莎可以想像爺爺坐在身邊，喝著咖啡說：「孩子，陪我喝杯可可吧。留在這裡休息，等你好過一點再走。」她想像爺爺給予理解、關懷，對她說出寬容的話，撫慰她，讓她面對自身的情緒。隨著她想像爺爺對她表達關懷，她漸漸能夠關懷自己。

時間流逝，每當她注意到自己對葛雷格發怒，便想像爺爺與她心中的智慧自我表達關懷，於是就能放鬆下來，深呼吸，展露微笑。最終，她看見電子郵件或簡訊時，只會單純地想：「葛雷格就是這樣。」她不再企盼葛雷格改變行為舉止，也因此覺察自身的反應。

慢慢地，珊曼莎開始對葛雷格產生些許同理心，他背負如此龐大的憤怒，想必正在受苦。珊曼莎花了不少時間完成蛻變，她前進的動力是自認為受害者所帶來的傷痛。接受之路（包括接受自己和葛雷格）為她指引了通往內在平靜的路途。

隨著她對接受愈來愈熟練，她開始能夠在心中感謝葛雷格，他不僅教會珊曼莎體認自己的痛苦，也讓她了解自身的力量、耐心與韌性。

＊接受他人，
不代表認同他們的行為。

＊接受他人，
代表接納他們的人性。

祝福他人

十幾年前辦離婚時，我去一間佛教中心學習冥想，學到一種關於愛與慈悲的冥想練習，稱為慈心禪（Metta Bhavana），這是種傳達關懷的冥想，不僅是傳達給自己，也傳達給眾生。慈心禪分為五個漸進式階段，過程中要向以下對象傳送愛、慈悲與祝福：

1 自己（如同第三章所述）。
2 一個所愛的人（很簡單）。
3 一個陌生人：曾與你萍水相逢的人，好比雜貨店的收銀員（還算簡單）。
4 與你起衝突的人，或是對你來說難以相處的人（有時極度困難）。
5 世間眾生（從你所在的城市，到國家，到北半球或南半球，再到整個宇宙）。

在每個階段，都要說：「願你快樂，願你健康，願你平安，願你獲得平靜。」最初一切都很順利，直到第四階段。**第四階段要做什麼？傳送愛與慈悲給對你來說難以相處的人？**當時，前夫是理所當然的對象，我可不覺得我有辦法傳送愛給他。

但是，我內心的智慧自我明白，要是緊抓著怨怒不放，那就好比自己喝下毒藥卻期盼別人會死，也像是抓著熱炭想砸對方，卻忘了炭也燙傷自己的手。

剛開始，我只是機械式完成動作，把愛與慈悲傳送給前夫，光是想像就令我尷尬不已，十分勉強。在為他做慈心禪時，我自己加上一段ACT練習，當時我的內在腳本是這樣：**承認**——「愛希麗，我們的關係這麼劍拔弩張，要祝福他的感覺真奇怪。」**連結**——「你很清楚，許多離婚夫妻的關係都不好。」**寬容對話**——「就試試看吧。他跟你一樣只是個人，也想過幸福的人生。放手去做吧，你辦得到。」接著做慈心禪——「願你快樂，願你健康，願你平安，願你獲得平靜。」

我持續進行這兩項練習，慢慢地，我確實開始對他產生關懷，也因此愈來愈覺得自由。

更上層樓

接受所謂的「敵人」可能是個艱鉅挑戰，那麼真正原諒對方的惡劣行徑呢？感覺大概像是完全不同的兩碼子事吧。原諒等於是將接受提升到全新境界。

談到令人佩服的原諒，有個頗為知名的強大案例，也就是瑪莉·強生的故事。她是「重獲新生」（Death to Life）組織的創始人，這個組織鼓勵受害者家屬與殺人犯和解。一九九三年，瑪莉的獨生子拉瑞曼遭歐希亞殺害，當時歐希亞年僅十六歲，事發後在監獄度過十七年。最初，瑪莉憎恨歐希亞，內心滿懷怨憤。

有天瑪莉讀到一首描寫喪子之母與凶手之母的詩，恍然明白兩個母親都處於痛苦之中。她知道，療癒自己的方式就是原諒歐希亞。原諒不等於認同，她無論如何都希望兒子能夠回來，但原諒能夠帶來療癒，也能讓她從憎恨中解脫。

瑪莉前往監獄探視歐希亞，發現他只是個鑄下大錯的普通人。她說，在她擁抱歐希亞時，心中的憤怒從腳底往上升，從體內散逸，從此她不再受憎恨所困。後來，他倆成了鄰居與朋友，如今共同努力推廣接受、原諒與和解的好處。

當然，原諒殺了自己孩子的人非常困難，不是每個人都辦得到。然而，這個故事帶給我們更重要的體悟：你我都擁有共通的人性。接受自己以後，你便能學會接受他人。當你接受了他人，你便能學會接受自己。

靈性導師瑪莉安．威廉森（Marianne Williamson）著有《愛的奇蹟課程》一書，她相當喜歡說一句話：每個人都是輪子上的輻條。單看輪子外圍，會以為每根輻條都大不相同，相距遙遠；但如果看著輪心，會發現每根輻條都一樣，擁有相同的源頭。

與你相遇的每個人都在這個世界降生，也將在這個世界死去。與你相遇的每個人都希望生活幸福平靜，不必承受痛苦與磨難。如果將他人視為自身的延續，視為像你一樣盡力的人（儘管可能做得不夠完美），你就能把自我關懷向外拓展，進一步關懷眾生。

「原諒等於是將接受提升到全新境界。」

強力工具

主要技巧：半滿之杯

假如你深愛某人，偏偏就是不喜歡他們的某一面或是某個習慣，你可能會覺得很難接受，甚至是極為氣惱。那說不定是無足輕重的小事，例如髮型、衣著穿搭或幽默感，也說不定事關重大，與你在意的事或價值信念密切相關，例如政治立場、宗教信仰、體重（過胖或過瘦）、健康習慣、職涯選擇、居住地點、性傾向、配偶或伴侶。有時候，光是所愛之人的一項特質，便可能讓你倆之間造成長期的鴻溝。

你愛的人在這世上有自己的人生道路，正如你有自己的人生道路。儘管你們彼此之間存在差異，你依然愛這個人，希望這個人留在你的生命中。本工具能幫助你用更宏觀的視野看待好友或摯愛，而不是只關注單一特質。與其聚焦於不喜歡的事物，不妨聚焦於這個人身上你喜歡的部分。將注意力放在對方的正面特質上時，你就能打開通往順應之路，接受他們原本的樣子。所以，萬一你下次又注意到那些你絕對無法改變或影響的惱人特質，試試看用「杯子半滿」的觀點看待吧。

1 從自我關懷開始。告訴自己，一直希望改變、幫助所愛的人，或是要對方進步，對你來說並不容易。你束手無策，但你也不想繼續難受下去。所以……

2 從對方身上，找出三項你非常喜歡的特質。

3 再從對方身上，找出兩個讓你非常感動的行為。

4 接下來吐一口氣，說：「我放手讓你走自己的道路。希望你擁有平靜、喜悅、健康與幸福。願你自在地找到屬於自己的路途，願你永遠感到被愛。」

額外技巧：零極限冥想

想像一個跟你合不來的人，說出下列句子。零極限冥想是來自夏威夷的療癒練習，有助於和解與原諒。你可以大聲說出底下的句子，也可以默想。就算你對這些話沒有感覺，也請抱持謙卑之心說出來。這些話語會激發反省、原諒、感激與愛，這四種情感都是促進改變的強大力量。

對不起。
請原諒我。
謝謝你。
我愛你。

把這些話當成唱咒每天念誦、省思，能協助你敞開心扉，療癒情緒。這麼做可以將能量導回正軌，修復你與生命的關係。

額外技巧：書寫及反思

用以下題目書寫，同時反思：

＊陷入抗拒無法動彈的時候，我覺得……

＊希望這個人不是他現在這個樣子時，我覺得……

＊接受這個人原來的樣子時，我覺得……

＊別人正在受苦，我明白受苦的感覺，所以……

＊我最近為這個人做了什麼？

＊我最近為這個人帶來什麼困擾？

“順境使人快樂，
順應任何處境則使人非凡。”

—— 大衛．休謨（David Hume，哲學家）

5

接受境遇

有些情況可以改變，有些不行。無論是哪一種，起點都在於接受。《當下的力量》作者艾克哈特．托勒（Eckhart Tolle）曾上歐普拉的節目《超級靈魂星期天》，談論接受。托勒告訴歐普拉，壓力的成因在於希望現狀並非如此。他說，第一步絕對是接受最真實的當下，唯有如此，接下來才能判斷是否可能扭轉當前處境。托勒舉例：想像自己卡在泥地中，你可能會生氣、抱怨、哭泣，但只會讓你的處境更糟糕。他建議不帶批判地好好審視情況，只要承認現狀，你的思維就會轉變，能夠決定接下來該怎麼應對。

換言之，造成各種困擾的正是抗拒本身。

抗拒讓你卡在原地，動彈不得。

* 接受當下情況，
不代表你喜歡發生的事。

* 接受當下情況，
代表你認清有哪些東西
是你能掌握的。

無可避免的狀況

當然，在你接受處境之後，可能會決定要改變其中許多種情況，比方說結束一段虐待關係、讓餓肚子的人吃飽、戒菸、修好爆胎，這些屬於正向改變。然而，也有非常多狀況從一開始就超出控制範圍，因此無從改變。

無法控制的狀況最令人受不了，因為會激起無力感和氣餒的情緒。這類狀況可能是日常瑣事，也有可能是天災人禍。

看了左頁的清單，是不是覺得血壓飆升？你想必能寫個專屬版本，列出更多無從避免的惱人處境。這些純粹是人生的一部分。當然了，根據應對方式，你的心靈可能陷於困厄，也可能得到平靜。捫心自問：「我想怎麼面對這個避不開的狀況？我想要因抗拒而痛苦，還是因接納而平靜？」答案的鑰匙就掌握在你手中。

即使無法改變境遇，我們仍可以改變處事態度、思考傾向，並與這些不可改變的狀況建立不同的關係。關鍵在於接受。

- 班機延誤
- 孩子生病
- 牙齒斷了
- 主管或同事很煩
- 塞車卡在車陣中
- 配偶提離婚讓你大吃一驚
- 發現伴侶出軌
- 被公司資遣
- 意想不到的醫療診斷結果
- 必須緊急開刀
- 意料之外的帳單
- 汽車拋錨
- 電腦故障
- 視力減退
- 手腕受傷
- 在結冰的路面滑倒
- 有車從後面撞上你
- 爸爸走失
- 家裡停電
- 火車班次取消
- 新任情人甩了你
- 貓吐在地毯上
- 工作專案的截止日提前
- 颶風導致你家淹水

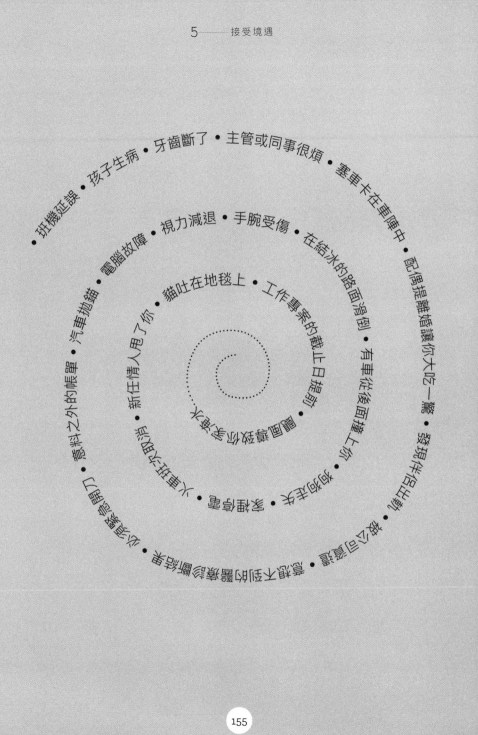

作家拜倫．凱蒂（Byron Katie）著有開創性的著作《一念之轉》，書中提及她如何放下抗拒，時時順應當下的任何狀況。她自述「熱愛真實」，並且指出造成痛苦的不是真實，而是人對特定情境的想法。只要改變念頭，即可改變你和那個情境的關係。

我曾參加拜倫．凱蒂的工作坊，聽她講述她充滿禪意的生活之道。她告訴聽眾，人能夠接受任何消息，無論是孫兒出生或癌症診斷，這些都只是消息罷了，毋須做出絲毫抵抗。當然，多數人都沒有這樣的覺知，經常對消息產生強烈反應。拜倫．凱蒂的教誨不是叫我們要毫無反應，而是接受就在觸手可及之處。

順應真實境遇是接受的重要目標，但要做到這點，必須先順應自身的抗拒；我們得先承認自己不喜歡這個處境。**接受自身的抗拒感與念頭，接受它們原原本本的樣子，療癒便會開始。**

接受哀痛

西方文化不鼓勵表達痛苦。我在心理健康領域執業逾三十年，這方面始終沒什麼變化。我們認定不表達情感就是堅強，為自立自強的人喝采；如果有人因痛苦而倒下，我們會想要婉言哄勸他們走出傷痛，對他們說些陳腔濫調、轉移對方的注意力，費盡心思不去面對痛苦。

然而，一個人在生活中受苦時，不予承認（或甚至否認）只會加劇痛苦。既然如此，該怎麼幫助受苦的人？最仁慈又最有力的回應，是充滿關懷地承認這件事，這樣就好。的確，這麼做沒辦法消除痛苦，卻能使受苦的人感到不那麼孤單、感到獲得接納，從而減輕痛苦的程度。你承認並理解對方的經驗，提供陪伴。時日一長，這些舉動將有助於對方療癒。

以充滿愛的態度承認，這正是自我關懷的過程。打個比方，你對某件悲傷的事（例如父母過世）產生抗拒，想當然耳心碎至極。在經歷喪親之痛時，透過ACT法（參見第二章）自我關懷，能使你覺得受到理解，並與他人產生連結。隨著你順應自身經驗，你會逐漸變得自在，開始療癒。順應感受，將引領你順應當下處境。以下來看看實際案例……

把接受的過程變成儀式

吉姆與維若妮卡非常渴望有個孩子。其實，維若妮卡從年輕時便夢想要建立大家庭，她十幾歲的時候當過保姆，照顧小孩時總會心想：總有一天，我也會當媽媽，生個小女孩。成年以後，這念頭依然讓她滿懷期待。

維若妮卡來找我晤談時正值四十一歲，夫妻倆嘗試懷孕已超過十年，始終無果。多年來，他們找遍不孕症專家，花費大筆金錢治療，依然膝下無子。

那何不領養呢？可惜這不在維若妮卡的藍圖之中。她一心一意想生個小孩，想感受孩子在體內長大，她要的不是隨便哪個小孩，而是屬於她的小孩。然而現在，她不得不放棄這個夢想。

吉姆與維若妮卡的不孕症是醫學上的未解之謎，至今仍找不出原因，只知道鐵定有哪裡出了問題。我認識維若妮卡時，她把問題怪在自己身上，怪在丈夫身上，怪罪整個宇宙。儘管維若妮卡滿腔怨懟，明顯陷於抗拒之中，但她已經不想過這種悲慘的生活了。她想要停止對丈夫發怒，想要享受人生，平靜地過日子。

首先，我們著手處理她的抗拒、痛苦和怒火，接著加進滿滿的自我關懷。對維若妮卡來說，直接向自己傳達愛與寬容很困難，但我們找到一種能幫助她的方法：想像靈性導師向她表達關懷。對維若妮卡而言，聖母瑪利亞象徵了愛與溫柔，又是喪子之母，能夠理解她的痛苦與哀傷。維若妮卡想像自己跪在聖母瑪利亞面前，聆聽充滿理解、寬容的言詞，關懷之情化為金光自頭上灑落。

瑪利亞了解、認同她的痛苦，這情景令維若妮卡深受感動。隨著維若妮卡接受並內化瑪利亞的關愛，她也對瑪利亞心生關懷。她想像關懷形成一個圓，讓她在圓中休養生息。

接受自我使維若妮卡的觀點逐漸轉變。她對當前處境感到抗拒，但她不再與抗拒奮戰，反而順應抗拒。然而順應十分痛苦，至少剛開始是如此，她必須哀悼自己失去的理想藍圖、失去的希望，並且允許自己感受悲傷，也為此在許多次晤談中落淚。

維若妮卡設計兩種儀式，幫助自己向前邁進。第一個儀式的目的是放下小孩必須親生的夢想，她將花環放在離家不遠的湖面，任其隨波漂走，開拓自己的道路。第二個儀式是為了彰顯以下的事實：即便只有她和吉姆兩個人，也是個完整的家庭。她挑了兩顆河邊的石頭，放在庭院中。

維若妮卡在接受之路上逐步前行，然後迎向全新的可能。我問：「接下來呢？你想怎麼運用母性的力量？」

維若妮卡決定採取行動，為這份失落創造意義。她考慮了幾種選項，例如領養小孩、在附近學校教小孩功課，或是把握機會發展自己的興趣。最終，她選擇去在地的動物收容所當志工，因為她覺得把照顧人的力量用在救援動物是她的天命，她還領養兩隻貓，給貓兒充滿愛的家。維若妮卡與吉姆共同迎接新生活，寫下屬於他們的新藍圖。

隨著時間流逝，維若妮卡持續著ACT練習，她發揮創意與自己相處，自我對話有時是溫柔的撫慰，有時是加油打氣的啦啦隊。有時她必須順應悲傷，有時必須鼓勵自己前進。自我關懷讓我們傾聽內在的聲音，辨別自己需要什麼、何時需要——是要安慰自己，還是敦促自己向前？你可以自己決定。

好天氣

無論處境是悲慘或平凡，接受的過程都一樣（停止抗拒、順應現實、開創可能，參見第一章），面對哀慟是如此，面對日常煩惱也是如此。不過，即使是微不足道的煩心事，當下也可能讓你覺得事關重大。

愛琳覺得自己可能患了季節性情緒失調，因此來找我晤談。她感覺得到隨著時序入秋，情緒便逐漸低落，在那之後她會進入嗜睡的憂鬱狀態，持續到五月。我很明白她的感受，因為我也覺得漫長晦暗的寒冬非常難熬。

和她晤談時，自我關懷不僅協助她肯定自身的經驗，也讓她順應現實。她的自我對話變得更鼓舞人心：「加油，愛琳，今天去呼吸新鮮空氣對你會很棒的，就算外面很冷也沒關係，多穿件毛衣，起來動一動！」

自我關懷是順應抗拒的關鍵，也能指引你順應自身處境。以愛琳的情況來說，自我對話激發了她的自信，讓她感受到支持與勇氣。

無論生老病死

話題一下子從天氣跳到癌症可能很突兀，不過兩者的接受過程是相同的。二〇一二年，我丈夫丹尼爾確診大腸癌，一聽說這個消息我就哭了出來，拚盡全力抗拒——不可能，不，我們不想要這樣，不能發生這種事，我想要不同的結果，這件事不該發生在我們身上。

經歷這個震撼彈之後，我的痛苦才要開始。我再三陷入抗拒狀態：丹尼爾植入支架時，我抗拒；護理師前來探視時，我抗拒；他日漸消瘦，我抗拒；他每兩週會經歷我所謂的「低谷」，也就是症狀嚴重到好幾天動不了，這時我也抗拒。

儘管我說的是抗拒，實際上卻是我持續受苦。我恨這樣，我恨丹尼爾必須面對這些，恨我必須面對這些，恨癌症。我不要癌症影響我們的生活，整個人處於戰鬥狀態，不停對抗、奮戰。抗拒的壓力影響了我的睡眠、心理健康，甚至是人際關係（這麼說吧，我實在是不好相處）。

> 自我關懷引領我走完接受的過程。

至於丹尼爾這個癌症病人，狀態又是如何呢？他像個禪師般面對一切，沒有自認是受害者，沒有吶喊「為什麼是我」。他放下所有執念，坦然接受每個時刻真實的樣子。對他而言，癌症不是敵人，不是一場要打贏的戰爭。他想要痊癒，想要接受治療，想要活下去，這些都毫無疑問；但他採取非暴力的和平手段，堪稱癌症病人中的甘地。他接受西方醫學的治療，然後便臣服，每天都以平靜之心度過，簡直令我嫉羨。過了這麼多年，在他擺脫癌症後，丹尼爾仍將那段時光視為主動臣服與寧靜的日子。

至於我，則是費盡氣力才能順應他得癌症的現實，而且每天都必須從頭來過。我反覆面對自己的掙扎，在這段時日，自我關懷是我的良伴：**承認**——「愛希麗，抗拒讓你更痛苦了。」**連結**——「愛希麗，你不孤單，癌症曾影響數百萬人，以及這些病人的親友。」**寬容對話**——「這就是今天的現狀，如果你不要抵抗，順流而行，今天就會好過許多。加油！你辦得到。」

自我關懷引領我走完接受的過程，順應真實處境讓我時時與自我同在、與丹尼爾同在，而不致深陷抗拒造成的內在痛苦，無法自拔。

逆境讓根扎得更深

我阿姨常說：「殺不死你的，會使你更強大。」這句話讓我想起「生物圈二號」的教訓。那是一九九〇年代的封閉生態系統實驗：在亞利桑那州的沙漠建造一座圓頂形建築（這棟建築如今屬亞利桑那大學所有），創造與外界隔絕的小型生態系，供科學家研究地球的生命系統。

讓科學家大失所望的是，生物圈中的樹木尚未成長至壯齡便倒下了。科學家發現，這些樹的枝幹較軟，樹根也相當淺；假如樹木要繁茂生長，自然需要強壯的樹幹，扎根也要深。

樹木健康狀況不良令科學家百思不解，直到他們想通生物圈中少了什麼：是風。原來，樹木要長得健康，就少不了風壓；正因為樹木對抗風，才會愈來愈堅強。

樹木要有環境帶來的壓力才能長得強壯，同樣的道理或許也適用於人。面對下一個逆境時，不妨將之視為你需要的風，讓你變得更穩固、更有韌性。如果你認為當下的境遇可能對你有所幫助，就更容易順應現實。

**「樹木要長得健康，
就少不了風壓；
正因為樹木對抗風，
才會愈來愈堅強。」**

是祝福還是詛咒？

你面臨的狀況是個難關，還是隱藏的祝福？有時很難判斷。每當聽著新聞上一樁樁悲劇，我都試著謹記這個道理。我會提醒自己，即便世上經常發生令人肝腸寸斷的悲慘事件，其中必定也有充滿美善的時刻。

好運跟霉運之間往往沒有清楚的分野，鳥兒痛恨的雨，恰恰是農人的福音。有個著名的寓言便描繪了這個兩難：

很久很久以前有個老農夫，某天他的馬走失，聽到消息的鄰居過來探視，同情地說：「真是倒楣。」農夫答道：「也許吧。」

隔天老農夫的馬回來了，還帶著三匹野馬。鄰居驚嘆：「真是走運！」老翁答道：「也許吧。」

又隔一天，他兒子想騎其中一匹未經馴服的馬，卻被拋下馬背，摔斷了腿。鄰居再度來訪，嘆道：「真是不幸。」農人答道：「也許吧。」

隔天，有軍官來村莊徵召年輕人入伍，見到他兒子摔斷了腿，因此沒

「剛開始看來最難以接受的狀況，到頭來可能對我們最有益。」

有叫他當兵。鄰居前來道賀說事情有了好結果，農夫答道：「也許吧。」

農夫明白，人無法徹底預料一件事的結局，任何單一事件都會引發多種後果，往往到了未來才會揭曉。各種狀況時時刻刻都在發生，不斷變化移易，形成新的情境。

哪個狀況最終會有好結果，哪個最終會是壞結果，誰能知道？世界並不總是如表象那麼單純。倘若能夠協助我們成長，或啟迪我們成為更好的人，那麼剛開始看來最難以接受的狀況，到頭來可能對我們最有益。只要放下我們執著的未來理想藍圖，就能平心靜氣看待任何處境，最後坦然接受每個真實的境況。

無常

另一方面，人無疑會偏好順境。我們都希望天清氣朗，身體康健，充滿元氣，內在豐盛，熱愛生命，觸目所及皆是美善；在這樣的好日子，每件事都水到渠成。

可惜，如果你非要諸事順心才能快樂，注定招來憂鬱。境遇就像流動的河水，時時變動，你無法強令河水停止。在一切臻於完美的瞬間，總會有什麼改變，然後一切再度變得不完美。

凡事皆處於變動之中，感覺會變，狀況也會變。體悟到無常，就能及時品味，享受生活中美好的一面，也能夠寬容、接受看似不好的那一面，因為我們明白逆境並非永恆。

境遇就像流動的河水，時時變動。

在另一則古老的寓言中，有位國王想找出一句格言當作明燈，指引他度過順境與逆境。他召來國內的所有智者，要他們想出無論面對任何境遇都能指引方向的句子。其中一位智者獻上戒指，上面刻著「凡事終將過去」。國王收下了這枚戒指，事事順遂時，他便讀這句話，使自己心懷謙卑；不如意時，他也讀這句話，讓自己不致悶悶不樂。

無論你是否認為當下狀況對自己有好處，無論你是否能改變處境，無論這個境況是否易於接受，**請謹記：凡事皆屬無常**。這個道理能夠幫助你擺脫抗拒，順應現實，再向各種可能敞開心胸。

更上層樓

如我們所知，接受狀況的方式也有強度上的差異。如果想從「不加反抗地接受」提升至「熱情擁抱」的層次，我們可以大膽實驗，把所有狀況都視為對自己有益。不知道原因或完全不曉得前因後果也無妨，要是把每個狀況都視為當下對你來說最好的事，會怎麼樣呢？

二〇〇七年，我和好友一起去印度旅行，當時我剛讀完一本震撼心靈的有趣小書，名叫《幸福禪》（*Zen and the Art of Happiness*），作者是克里斯．普倫迪斯（Chris Prentiss）。底下這句話深深打動了我：「發生在我身上的每件事，絕對是所有可能性當中最好的結果。」

好友和我決定把這句話當成旅行的座右銘，每天都會說上好幾遍。實際上，我們把這句話套用在各種荒唐的狀況：班機延誤，在舊德里迷路，眼前端上來謎樣的食物，塞在人擠人的火車月台上，甚至是我們之一錢包被偷的時候。我們試著抱持好奇心與歡迎的熱情，面對這些挑戰。

❛發生在我身上的每件事，絕對是所有可能性當中最好的結果。❜

結果，我們享受了美好的旅行。每天都是場冒險，五彩斑斕、香味四溢、魔幻萬分、充滿神祕，無論發生什麼都不成問題，每個境遇都是待解之謎：「嗯，看不太出來這對我有什麼好處，但我知道這對我是好的，所以我願意接受這個可能！」我們對於自身處境的抗拒逐漸消退，「這有益於我們」的自證預言就此成真。

試著執行一天，看看你對於世界的觀點是否天翻地覆。如果真心相信發生的一切都是為了你好，你對生命的體驗會有什麼改變？

強力工具

主要技巧：順流而動

下次洗手時，感受從水龍頭流出來的水，體驗水的質地、溫度和水壓，以及水從指間落下時的流動感。刻意停下來一會兒，深呼吸，接受現在這一刻。對自己說：「這就是當下。今天的這個瞬間，就是我擁有的全部。此刻，我人在這裡，順流而動。我選擇順從生命之流，而不是加以對抗。我接受這一刻，放手接納它原有的樣子。」

額外技巧：給親友或自己寫封信

寫封信給親近的好友或家人，假裝他們跟你一樣，面臨完全相同的難關。比如說，要是你有健康問題，可以寫封信給朋友，假裝對方收到了同樣的診斷結果。你會對他說什麼？表達你的理解、擔憂、建議和智慧，讓對方知道你會如何支持他；敞開你的心房，在對方面臨挑戰時陪伴他。你可以告訴他哪些話，幫助他用全新觀點看待這個情況？

附加練習（選用）：一週後，把這封信寄給自己。收到信後，假裝自己就是那個朋友，閱讀這封信，接受你給予的建議、愛與理解。在一段時間後獲得這樣的友誼與扶持，帶給你什麼感覺？

額外技巧：停下來，呼吸，微笑

德蕾莎修女曾說：「寧靜始於微笑。」試試看吧：停下來，呼吸，微笑。笑容能夠對情緒產生好的影響，微笑的行為會刺激神經傳遞訊息，產生「感覺真棒」的神經傳導物質（多巴胺、血清素、腦內啡）以及神經肽等化合物，這些都對身體、腦部和情緒有非常大的好處。

“除非你想走回頭路，
否則絕不要回頭。”

—— 亨利．大衛．梭羅
(Henry David Thoreau)

6

接受過去

羅傑淚水盈眶，再度伸手抽衛生紙。過去兩個月來，羅傑每週來晤談時總是責怪自己，反覆糾結著要是事情沒發生就好了。羅傑痛失愛子，自認必須為愛子之死負起沉重的責任。

儘管兒子過世的根本原因與他無關，他卻不禁認定，假如自己做了不同的選擇，事態不致演變至此。有時候，承受擔下責任的痛苦，也好過認清自己其實根本無能為力。

由於兒子CJ染上海洛因毒癮，羅傑五年來過得十分辛苦。CJ是個生活並不順遂的年輕人，求學時為學習障礙所苦，青少年時期罹患憂鬱症，向毒品尋求慰藉，結果人生反被毒品控制。他反覆進出戒毒機構、勒戒所，也試過十二步驟（參見第二十八頁），一路走來，羅傑始終支持著他。

可是，在CJ吸毒過量的前一晚，羅傑湊巧把他趕出了家門。當時羅傑覺得教子應嚴，於是告訴CJ，爸爸不會再縱容他，除非他徹底把毒癮戒掉，否則不許回來。隔天，CJ在朋友的公寓中昏迷不醒，送醫住院五天，這段期間，滿心悲痛的羅傑寸步不離，又是懇求又是祈禱，盼著他能夠好轉，只可惜事與願違。醫生告訴羅傑，CJ已經腦死。在CJ二十九歲生日的那天晚上，羅傑決定放棄治療。

後悔的問題在於
你永遠無法改變過去，
沒辦法就是沒辦法。

「要是我那天晚上沒把他趕出去就好了……」羅傑數不清第幾次哭著說。如果那樣就好了。如果那樣就好了。如果那樣就好了。

什麼話都安慰不了羅傑。CJ多年來都有自我毀滅傾向，即使那一夜沒出事，之後終究可能會出事，但這個邏輯對羅傑來說毫不管用。即使羅傑明白，基於他至今為止所知與做過的一切，他那晚的決定合情合理，依然改變不了他的悲傷。

這些理性的說明對他毫無幫助。後悔的問題在於你永遠無法改變過去，沒辦法就是沒辦法，過去已是既定事實。然而，我們仍在內心反覆糾結，一再回想已然發生的狀況，彷彿只要在心中把場景再重播一遍，就會得到不同的結果。我們全心全意夢想著改變結局。

羅傑多少明白，他的懊悔與內疚都是毫無建設性的情緒，也渴望獲得內心的平靜，偏偏就是走不出來。最終，這份痛苦實在令他不堪負荷，渴望解脫的他打開心房，開始實踐ACT法（參見第二章）。他輕鬆辦到了ACT法的「**承認**」步驟，對自己說：「羅傑，我知道你正承受劇烈的痛楚，你認為責任全在自己，而且希望事情有不同的發展。這實在太難過了。」承認自己正在受苦，這個單純的舉動便讓他落下淚水。

以這個覺察為始，羅傑來到ACT法的「**連結**」步驟，這對他來說也相對簡單。他在戒毒中心與戒酒無名會的親友與家屬團體認識不少父母，所以很快便與那些父母建立連結；此外，「體恤之友」組織為失去至親的家屬舉辦聚會，他和其中同樣喪子的父母頗有共鳴。他告訴自己：「羅傑，許多人都深愛著染上毒癮的人，你也是其中之一。也有很多父母像你一樣，雖然盡力卻仍失去自己的孩子。」

然而，ACT法中的「**寬容對話**」就困難得多。剛開始，他完全想不出寬容地與自己對話的方式，他說：「我只想痛罵自己。」於是我們停在這個步驟，承認溫柔對待自己很難，承認連想稍微放過自己都辦不到。

有時，倘若案主沒辦法對自己說任何溫柔的話，我會請他們轉而覺察身體。身體會對情緒產生反應，處理這些生理感受是鬆動的破口。我們一起閉上眼睛，我請羅傑描述在他只想痛罵自己時，身體有什麼感覺。

他說：「胸口很緊。不對，應該是——胃揪在一起，好像肚子被踢了一腳。」

「原來如此，像肚子被踢了一腳。」我重複道：「請你不要干涉那個感覺，只要注意它、觀察它就好。觀察看看，單純坐著體驗腹部的感覺時，發生了什麼事。」

他回答：「我不喜歡這樣。我不想體驗這個感覺。」

「對，很難受。」我說：「但如果可以，請觀察這個感受，一下下就好。與它同在，允許它存在，讓它表達痛苦。我想請你告訴自己，你只是想當個好父親，想要幫助CJ，只可惜失敗了。」

聽了我這些話，羅傑眼中泛起淚水，「就是這種感覺，我想幫他卻無能為力。」

我鼓勵道：「允許這個感覺存在也沒關係，羅傑。你在身上的哪裡感受到無力？」

「我只想像個布娃娃一樣躺在地上，就像身體裡面沒塞棉絮。我一點力量也沒有。我不喜歡這樣。」

我安慰他：「對，沒人喜歡毫無力量或是沒塞棉絮的感覺。觀察你的身體，單純讓這個感覺存在，就連不喜歡的感覺也是，都沒關係。」

我們沉默半晌，羅傑主動把手放在腹部，說：「我只想要好過一點。現在我覺得很難受，但又好像沒那麼難受了。」

「看看你有沒有辦法感受久一點。」我鼓勵他：「你的身體現在有什麼感覺？」

他說：「嗯，胸口不緊繃了。其實比較放鬆了點。還有，我對於無力感有個新的感覺，不是同情，而是……可能是溫柔？就好像是，雖然沒有強大的力量很糟糕，但我只是個普通人啊。我只是個愛兒子的人。」

就在這一刻，羅傑轉變了。由於他承認自己受的苦，也允許痛苦存在，他開始能夠溫和對待自己。藉由描述自身經歷，他的「見證自我」現身，這個過程使他接受了自己對痛苦的抗拒，因此有了轉換觀點的餘裕。經過這次晤談，他變得能夠寬容地與自己對話，提醒自己只是普通人；原本令他大受折磨的時刻，成了自我關懷、撫慰的時刻。

對羅傑來說，「接受」聽起來還是很怪，但他覺得「允許」沒問題。他選擇「允許」過去原原本本的樣子，不多也不少。他的自我對話轉變為溫柔鼓勵，讓他繼續往前走，尊重與ＣＪ有關的回憶，不承擔內疚地活下去。羅傑允許ＣＪ的死成為人生的一部分，在那之後，羅傑看見了新的可能，恍然明白他不想浪費往後的時光。為了紀念ＣＪ，他選擇再度擁抱生命。

* 接受過去，不代表你喜歡過去或想再經歷一次過去。

* 接受過去，代表過去化為你成長的養分，讓你向前走。

原諒自己

原諒自己，就是不再對自己憤怒，不再憎恨自己。原諒自己和接受自己的感覺頗為類似，兩者都是放鬆接納既有的一切，放下抗拒，和自我培養更溫柔的關係。接受自己做了你但願沒做過的事，或是接受自己沒做你但願做了的事，就是種自我原諒。也許你犯了個錯，也許你知道結果的話會採取不同的行動，也許你做了真的很傷人的事，也許你甚至犯了罪。

還記得克勞德．安信．湯瑪斯嗎？他原本是越南戰爭的退役軍人，後來成為禪師（參見第九十二頁）。梅村的人不斷告訴他「過去都已過去」，最後他忍不住爆發：「過去未必真的過去了，有時候過去也在當下，它們可不好看，我恨死了。」由於他在戰爭期間殺過無辜平民，這件事始終糾纏著他。一名禪師告訴他：「人必須學習與這些經驗共處，心如止水。」

克勞德花了三年才原諒自己，總算能夠與往日回憶平靜共處。對克勞德來說，放下對自己的憤怒與怨恨時，接受與原諒便雙雙到來。如果你是某件事的「罪魁禍首」，接受過去的竅門就在於原諒自己，**對某些人而言，可能也包含了贖罪**。

“原諒自己，
就是不再對自己憤怒，
不再憎恨自己。”

彌補過錯

在以十二步驟為基礎的勒戒計畫中，有個練習是列一個人的缺點清單，用合適的方式彌補過失；宗教信仰中也有告解與贖罪的概念。犯下過錯時，告解、贖罪、道歉、彌補都是接受過往的方式，也是通往原諒自己的路。

卡洛斯急於改變人生。來找我晤談時，他四十二歲，受憂鬱症所苦，不久前父親過世，令他墜入情緒低谷。「其實我們不算親，在我小時候他就是個酒鬼，而且他不是那種會去看我打棒球比賽的爸爸，你懂我意思。」

卡洛斯本以為，只要無視父親、徹底斷絕往來，就不會受到父親影響。可是，卡洛斯總把一切怪在父親身上：「我發現那個混蛋只留給我一樣東西，就是習慣用負面觀點看待人生。」

去年父親病重，眼看不久於人世，卡洛斯沒去探望他。他是考慮過，但終究決定不去：「那傢伙活著時沒照顧過我，我何必在他快死了的時候去陪他？」

剛開始找我晤談時，卡洛斯不斷把憂鬱症歸咎於父親。父親從未溫柔對待過他，協助卡洛斯溫柔對待自己，正是我們晤談的重點。透過自我關懷，卡洛斯恍然明白快樂是他自己的責任，而且他也有能力快樂。沒在父親臨終前探望他，導致卡洛斯飽受內疚的折磨，這個決定令他懊悔，想像父親孤單離世的情景，他便心碎不已。

由於這樣的想像，卡洛斯最後成為安寧療護志工。自我關懷激發了卡洛斯對他人的關愛，甚至是對父親的關愛。他告訴我，儘管父親過世前他選擇缺席，但他可以陪伴其他人面對臨終。「算是為了我爸做的，用這個方式紀念他。他是個爛人，但他也不總是那麼壞，你懂我意思吧？」對卡洛斯來說，當志工是種彌補的方法。全然接受過去的行為之後，他便有能力繼續過他的人生，不再為了沒做的事責備自己。他從過去找到新的意義，使自身的痛苦昇華。

過去抑或當下？

可是，如果罪魁禍首或未能達成期待的另有其人？如果是別人害你有段痛苦的過去？該怎麼接受這樣的事實，繼續往前走？該原諒還是遺忘？如果是別人該為過去負責，接受過去的關鍵在於：承認那如今是你的一部分，說不定正是因為那段過往，才成就了此刻更強大的你。

羅拉的情況就是如此，她在出了場小車禍之後來找我。車禍的經驗使她焦慮不已，每次接近十字路口都滿心恐懼（她是在紅燈時遭後車追撞）。實際上，她的生活過得相當不快樂，討厭自己、討厭工作，打從出了車禍，她還經常冒出自己不如死掉算了的念頭。

運用快速眼動療法

我用了一種創傷治療技巧來幫助羅拉：眼動減敏與歷程更新療法，簡稱EMDR。這項技巧是使用閃爍的光源，案主凝視光源時，雙眼會跟著光迅速左右移動。如同睡眠中的快速動眼期，眼睛的動作會促使腦部處理記憶，並在記憶之間形成連結，療癒痛苦的情緒。

一個人全神貫注地左右移動雙眼時，腦中會閃過一連串彼此相關的記憶。以羅拉的情況來說，我們是從車禍的記憶開始，但EMDR的過程卻勾起了別的回憶。

我關掉光源，問她：「你注意到什麼？」（我要她描述任何浮現的畫面或感受。）她說：「我剛剛冒出一個畫面，是我小時候待在房間裡玩娃娃，我爸卻突然衝進房間吼我，還過來打我的頭。哇，我好多年沒想起這件事了。」她父親酗酒，一喝醉就會變得脾氣暴躁。

我們繼續進行EMDR，隨著羅拉的腦部自我修復，她心中浮現一個又一個父親做出虐待行為的畫面，接著消失。她哭了起來，但仍繼續凝視光源，回報腦中閃過的情景。她想起自己數度遭到父親的「打頭攻擊」，父親會喝得醉醺醺地衝進房間，毫無理由地打她一頓。

她抽泣道：「我想起他跟我說過好多次，當初如果生男孩就好了，我不該被生下來。」

勇敢的羅拉讓這些回憶浮上心頭，與成年的自我整合，這些都是她塵封多年的記憶。她突然抬起頭，恍然大悟那場車禍為何觸發了她的焦慮——因為那輛車從後方突如其來地攻擊她。她也想通，為何車禍引發她覺得不如死掉的情緒，那正是她成長時期會有的念頭。晤談結束後，她擺脫創傷，負面情緒如煙消散，內心獲得前所未有的寧靜。

後來，我們開始處理她遭受虐待的痛苦童年，她發現過去仍有殘留的影響，延續到如今的生活。實際上，多數人都沒發現過往如何影響當下，尤其是童年時期的經歷。**潛意識中的時間並非線性，過去即是現在。**

與過去和解

療癒創傷之後，羅拉想要加強自尊心、內在的自我價值感與勝任感。她從小堅信自己一定哪裡有缺陷、活該受到虐待，必須將這種信念與自我認同切割開來。羅拉已經準備好自我關懷了。

我們做了一系列引導式觀想練習，讓現在的她陪伴童年時的她。羅拉想像自己抱著內心那個小女孩，柔聲勸哄、好言安慰，告訴她：她不孤單，也不該受到這種對待。

幸運的是，對羅拉來說，原諒父親並不難。父親也曾遭祖父打罵虐待，在羅拉眼中，他同樣是個受傷的人。從自我關懷出發，羅拉接受了父親真實的模樣，也接受了自己的過去。她明白，如今成年的自己之所以這麼堅強，正是因為熬過了這段童年。她將童年視為人生的一部分，但只占了一小部分。

她說：「我覺得過去就像肥料，乍看是垃圾，不過只要讓它發酵，就會變成肥沃、能夠孕育生命的有機物質。」

羅拉開始視自己為有價值的人，並將這種感受整合進現在的自我意識。現在的她明白自己堅強、充滿活力，是走出痛苦過去的倖存者。

回顧接受之旅時會發現，最好的導師往往正是一路上的難關：面對自我、面對他人、面對境遇，甚至是面對過往那些奇特或難過的事件。

空間和觀點

有時，我們只需要拉開一點距離，轉換觀點，就能看清全局。說個印度寓言：

一位印度教大師聽膩了弟子天天抱怨。某天早上，師父叫弟子拿些鹽來。弟子回來時，師父要這名不開心的年輕人抓幾撮鹽，加進一杯水中，然後把水喝掉。

師父問：「嘗起來怎麼樣？」

弟子說：「很苦。」

兩人默默走到不遠的湖畔，師父要年輕人把幾撮鹽加進湖水，弟子照做之後，年邁的師父說：「喝點湖水。」

年輕人喝了，師父問：「嘗起來怎麼樣？」

弟子說：「很清甜。」

師父問：「有鹽的味道嗎？」

弟子說：「沒有。」

聽他這麼說，師父握住這名嚴肅年輕人的手，告訴他這段哲理：「生命的痛苦就像純鹽，不多也不少，永遠是同等數量，絕不會變。然而，用來盛放痛苦的容器會決定味道有多苦。所以，痛苦的時候，你唯一能做的事就是開拓覺知。別只當個杯子，成為湖吧。」

自我關懷能開拓我們內心的空間，容納接受；接受能進一步開拓空間，容納可能。在我們真正明瞭過去已然過去時，眼前將開展出寬闊的視野。原先看似無可接受之事，看似痛苦得不堪負荷之事，如今也只是漫長個人經歷中的一塊小碎片。過去已成雲煙，當下即是此刻，將來仍未到來。

過去／現在／未來

過去影響當下，當下也會影響未來。今天的所思所為，都將成為明日的過去；我們能夠努力的只有今天，此刻，這個瞬間。

我曾有位三十二歲的案主，名叫芮貝卡，菸齡超過十年。為了抽菸這件事，她對自己大加撻伐，竟然讓身體接觸有害物質十多年。對於過去的決定與當下的癮頭，她充滿強烈的抗拒，這點從她緊繃的身體、負面的自我對話就看得出來。

在好幾次晤談中，我引導芮貝卡走上自我關懷之路，更寬容對待自己。這不代表她的行為會馬上改變，但至少她從自我厭惡中解脫，讓她無力改變的抗拒心態也消失了。她不喜歡過去的選擇，也不喜歡當下的菸癮，不過她

「過去影響當下，當下也會影響未來。」

變得漸漸能夠接受這兩者。我發現，當她能夠以中性的態度接受一切（「過去都過去了」），寬容的自我對話也隨之變化，成為內在的啦啦隊（「芮貝卡，戒菸很難，但你做得到，別人同樣選擇做出這項改變，你值得健康的生活」）。她不再抗拒過往，因此反而能夠創造新的一天，當未來的她回顧這一天，將對自己滿懷感激。

「老是看著後視鏡，就沒辦法往前開了。」一語談告一段落時，芮貝卡忽然說。對她來說，邁向未來的關鍵正是不再回頭。

借助自我關懷，芮貝卡順應現實（「我吸菸很多年了，到現在還在抽」），接著迎向可能（「事情說不定會有不同的發展，我樂於接受可能」）。儘管她沒辦法改變過去的行為，卻能相信自己有可能改變今天的行為。

更上層樓

對於接受過去，如果你想從「不加反抗地接受」提升至「熱情擁抱」的層次，可以運用下列方式來增加強度：用更有彈性的思維看待「業報」的概念，如果你願意的話，還可以想想看你可能有什麼樣的前世。

在佛教和印度教中，「業」最基本的概念是指行為的因與果。在某個時刻所做的善舉或惡行，將對未來產生後續影響。搭配輪迴轉世的宗教觀，代表我們這一世的經歷，會與前世的經歷直接相關；不僅如此，你的靈魂說不定是為了持續成長，同意要體驗此世的一切！

抱著開放的心，面對探索、未知與接受。

你或許不喜歡業報或轉世的觀點，然而即便不熟悉，依然可以想想這些議題，從中獲得啟發。你當前的處境，可能是受到先前的哪些行為影響？你現在的行為可能如何影響未來的自己？為什麼你的靈魂為了自我成長，希望你經歷眼前的關卡？就算想不到答案，也不妨思考這些問題。抱著開放的心，面對探索、未知與接受。

強力工具

主要技巧：專注於五感

臣服於過去最終是為了把握當下，清醒過來，面對此時此刻吧。選擇一個物體拿在手中，幫助你做喚醒五感的練習。

觀看：留意你手中拿的物品有什麼細節。停下來，仔細端詳紋路、顏色、反射的光彩。全神貫注凝視它時，留意這些細節是變清晰還是變模糊。

觸摸：拿著這件物品，感覺每個細節。質地是粗糙抑或平滑？摸起來是冷是熱，是硬是軟？體驗這些感覺，看看用指尖觸碰跟用掌心撫摸有什麼差別。

聆聽：搖晃這件物品，是否發出聲響？湊近耳邊，是否聽見任何聲音？手指在上面輕點的聲音呢？實際體驗或想像看看，用它敲擊另一個物體或相互摩擦會發出什麼聲音。

品味：如果是可以品嘗的物品，那就嘗嘗看吧。如果不行的話，在用其他感官體驗這件物品時，注意你口中有什麼味道。

嗅聞：這件物品有香味嗎？如果沒有，你身處的空間有什麼味道？想像這些氣味環繞、充盈這件物品。

練習體會當下，把握眼前這一刻。

額外技巧：延伸連結

採取站姿或坐姿皆可，做好準備，想像你的人生是條時間軸，過去、現在與未來連成一線，而你是這條線的一部分。

1 彎下腰，雙手觸地——這是過去。
2 雙手直直伸向天空——這是未來。
3 回到中心，行雙手合十禮（這是種瑜伽姿勢，雙掌互貼，十指朝天，兩根拇指靠近胸口）——這是當下。
4 深呼吸，體會自己活在當下，同時也正邁向未來，創造全新的過去。

額外技巧：酸中帶甜的回憶

花幾分鐘，從過去的回憶當中找一段難受的經驗（酸澀），試著想出兩個其實也沒那麼壞的地方（甜美）。

舉例來說，我記得我讀七年級時非常不快樂，父母在那年離異，而且我正度過最尷尬的青少年時期。不過，同一段日子也有開心的回憶：

＊我愛死鋼琴老師，她對我非常溫柔，因為她知道當時我很不好過，每次上課都會帶餅乾給我。

＊我贏得國中拼字比賽，那對十三歲小孩來說是個大獎，我高興極了。

另一個例子。三個孩子還小時，我緊急動手術切除闌尾。那是段嚇人、疼痛又充滿不便的經歷，但仍有窩心的回憶：

＊好友跟鄰居來幫我照顧小孩，親手煮湯給我喝，甚至幫我洗衣服。

＊有一位護理師簡直是天使，在醫院將我照顧得無微不至，也幫我熬過疼痛。

就算回憶中滿是酸澀，只要用心尋找，依然能在其中找到甜美的片段。

❛就算回憶中滿是酸澀，
只要用心尋找，
依然能在其中找到甜美的片段。❜

“只要一個念頭，
甚至一個可能，
就能使我們重獲新生。”

—— 尼采

7

接受可能

有個人回到家，發現家門口被扔了一堆肥料。這不是他訂的，他不想要，看到就覺得心煩，但這堆肥料不知怎的就是在那裡。如同第一章所說，他的反應可能會呼應接受過程的不同階段：也許他會抱怨，大發牢騷說自己怎麼這麼倒楣（**抗拒**）；也許他會毫不抵抗，任憑肥料放在原地，單純接受現況（**順應**）；最好的結果是，在順應現況之後，他會冷靜思考接下來可以做什麼，比如把肥料賣掉，或是在自己的花園裡施肥（**可能性**）。

面對人生中各式各樣的挑戰，我們都必須做出選擇：抗拒還是接受。那些挑戰不是我們自找的，我們也不想要遭遇難關，然而，我們應對問題的方式會決定自身的未來與可能。

接受可能，意思是對未來保持好奇與開放的態度，告訴自己：「這就是我面臨的現況——那接下來呢？」我們或許沒辦法掌控每個細節，卻能夠掌控自己是否以接受的態度面對。

* 接受不代表
沒有改變的希望。

* 接受代表
通往可能性的大門
向你敞開。

好或壞？

三十二歲的葛雷西正值孕期，儘管她很高興懷孕，卻十分害怕所有跟醫療有關的事情。她來找我晤談，想解決對生小孩的恐懼，其中包括害怕打針、吊點滴、抽血，更不用說對於生產本身的畏懼。她的抗拒感非常強烈。為了避開醫療環境，葛雷西考慮過在家生產，可是老公不贊成，所以她只好咬緊牙關，為了避無可避的難關預做準備。

我們一起練習ACT法（參見第二章），處理她的恐懼及焦慮。如同每個接受的過程，第一步永遠要從自我關懷出發。葛雷西承認自身的焦慮，也體會了接受焦慮的感覺：「葛雷西，你很擔心，而且這些擔心不無道理。生小孩是件大事，何況身體對你來說十分珍貴。」

我們繼續做ACT練習，我請葛雷西閉上眼，想像自己躺在醫院的床上，身邊有位負責協助她的護理師。「現在，想像護理師準備替你抽血。她把止血帶綁在你手臂上，正在看你的血管，判斷要從哪裡抽。」

在我對面的葛雷西整個人明顯僵硬起來，彷彿準備好承受攻擊，全身上下充滿抗拒的情緒。

我問：「你的身體有什麼感覺？」

她說：「為了準備被抽血，變得很緊繃。」

「好，現在試著專注在呼吸上，停止緊繃，吸口氣。把注意力轉移到身體的中心，深呼吸。」我繼續引導她：「葛雷西，抽血很可怕，但你不孤單，很多人要接受醫療處置時都會緊張。你以前撐過去了，這次也可以的。想想看你有什麼選擇，是要因為抗拒而增加痛苦，還是要順應神奇的現代打針技術？是要緊繃，還是要順其自然？你可以自己決定。你想要哪個？」

她答道：「我想要好過一點，不要那麼難受。」

「好，你有能力接受一切，不帶抗拒地前進。」我鼓勵道：「對自己說：『親愛的，深呼吸，你會沒事的。放心，這裡的每個人都會盡力幫助你。你有力量決定事情的走向是好是壞。』」

葛雷西的身體放鬆下來，她告訴自己：「沒錯，我辦得到，我準備好了。我可以把這件可怕的事變得更糟，也可以變好，這就是我擁有的力量。」說完，她低聲長吐了一口氣。

兩週後，葛雷西用電子郵件寄來寶寶的照片。生產過程相當順利，她抽了血、打了點滴，還動了緊急剖腹手術。這位新手媽媽寫道：「我接受了正在發生的事實，我明白，我能夠選擇要如何面對這一切。」如今，她產下漂亮的男嬰，辛苦終於有了回報。

從長期抗拒心態到全新生活態度

五十二歲的布魯斯最後一次前來晤談時，心中滿懷感激。他感謝不只是因為他內心安定、平和、快樂（跟剛開始諮商時天差地遠），也因為他酗酒。他懷著全然的熱情接受自己酗酒的事實，這麼做改變了他的人生。

布魯斯剛成為我的案主時，與妻子離婚不久。在婚姻結束之前，布魯斯經常在晚上喝得爛醉。其實，他打從成年起便有嚴重酒癮，儘管他心知要挽救婚姻已經太遲，但他希望至少來得及挽救自己。他對我說：「我有酗酒問題，但我好像就是停不了。」一

光是說出這句話，布魯斯便已跨出一大步，從抗拒中脫身，順應現實，承認自己確實有酒癮。ＡＣＴ自我關懷練

習對布魯斯來說相當簡單，他臣服於悲傷、失落與上癮。

「但接下來呢？」他問。接下來要怎麼辦？他可以丟下一句「對，我就是酒鬼」然後繼續酗酒，畢竟他已經接受自己愛喝酒的事實。但也許，還有另一種可能。

自我關懷的目的不是慣壞自己，也不是讓你自我毀滅。自我關懷不是免死金牌，不能聽憑你隨時隨地愛做什麼就做什麼。假如有個小孩不想在嚴冬穿外套，你可以同理對方，不過你依然會堅持要他穿上外套。

以布魯斯的情況來說，ACT法協助他看見新的可能。他發現自己正在受苦：「這真的很難，就算你覺得不能再喝了，你還是繼續喝個不停，害你的婚姻失敗收場。」連結至共通的普世經驗：「你不是第一個有酒癮問題的人。」寬容的自我對話，讓他的觀點開始轉變：「沒錯，布魯斯，你酗酒。沒錯，這很難熬。但你想怎麼面對這個問題？你能扭轉這一切，而且用不著獨自面對，可以向別人求助。」有時，寬容地對自己說話就像得到一位支持你的教練，與你站在同一陣線，時時鼓勵著你。

明白自己不用獨自面對問題之後，布魯斯便接受了新的可能：首度參加戒酒無名會的聚會。他改變不了自己有酒癮的事實，卻能改變面對這個問題的方式。他的內在旅程擴展至外在，生命境遇也開始發生變化，短短幾週之內，他便戒掉酒癮，積極遵循戒癮康復計畫。布魯斯能夠迎來快樂結局，全是因為他接受了自我，順應現實處境。看見新的可能之後，他便明白自己能夠選擇如何向前走。

記住，改變不了處境的時候，接受能為你開啟無限可能。假如面前的門扉緊閉，不妨尋找一扇窗。

❛自我關懷不是免死金牌，
不能聽憑你隨時隨地
愛做什麼就做什麼。❜

超脫失落

我在一九九〇年代出版第一本著作《超脫失落》（原先預定的書名是「尋找一扇窗」），當時我想知道，為何有些人縱使經歷重大失落，仍有足夠的韌性能夠成長、創造意義，甚至活出精采人生，有些人卻從此變得哀怨憂鬱。我發現，超脫跟接受一樣是種選擇。哀慟的人在接受痛苦以後，便有了讓愛蓬勃發展的空間，希望也會隨之而來。超脫是種選擇，即使依然心碎，你仍舊能為失落創造意義。

同樣在一九九〇年代，心理學家理查·G·泰德奇（Richard G. Tedeschi）與羅倫斯·G·凱爾宏（Lawrence G. Calhoun）提出「創傷後成長」的概念，說明為何有些人在遭遇逆境後儘管承受心理困擾，卻仍感受得到正面情緒，並獲得自我成長。他們和我觀察到相同的情況：受苦的人往往會發生正向、富有意義的蛻變。

愛蜜莉是一名中年女性，她兒子從軍參與伊拉克戰爭，退伍後罹患創傷後壓力症候群，最終自殺。每天，愛蜜莉都會經歷以下過程：首先是**抗拒**（醒來時心想：「不，他不可能死了」），隨後**順應**（「對，他死了，我好難過」），最後尋求**可能**（「今天要怎麼紀念他？」）。

愛蜜莉積極參與「體恤之友」，這是為失去兒女的父母所成立的組織，她在裡頭輔導其他失去至親的媽媽。她另外也參加由媽媽組成的「美國金星母親」（American Gold Star Mothers），她們因子女加入美軍後過世而成立這個協會。不僅如此，愛蜜莉孜孜不倦宣導自殺防治，尤其是針對退役軍人。

假如能讓兒子奇蹟復生，她會不會馬上停止這些善舉？答案是肯定的。然而，她是不是決心紀念對兒子的愛，把痛苦轉化為正面的動力？答案也是肯定的。

接受是改變的方法

有些人會問我：「人怎麼能就這樣接受不公不義、全球暖化、貧窮、虐待關係、戰爭？」我回答，接受是改變的起點、道路，也是前兆。我們只能從自身掌握的事物開始。正如馬丁．路德．金恩所說：「能夠驅散黑暗的不是黑暗，而是光明。能夠驅散憎恨的不是憎恨，而是愛。」同樣的道理，能夠驅散抗拒的不是抗拒，而是接受。

抗拒是種黑暗，憎恨與憂懼如影隨形；在這個狀態中，人會覺得緊繃、渺小、懼怕、無力。在抗拒形成的黑暗中，接受能夠帶來光明，燦爛照亮我們的過往與當下，也讓我們能以平和的方式改變，並引領我們邁向更美好的未來。

當然，抗拒是人生旅途中必經的一環。如同前文所述，只要以關懷的態度面對抗拒狀態，承認自身經驗，然後「停下來，呼吸，微笑」，我們就會擁有轉變的餘裕，順應現實，變得開放、充滿創造力、平靜。以此為始，我們便能自由展開雙翼，飛向處處皆是可能的世界。這就是接受的力量。

❛能夠驅散抗拒的
不是抗拒，
而是接受。❜

螺旋之旅

生命之旅常讓人感覺像在兜圈子打轉，有時就好像回到了原點。不過，隨著年齡增長，倘若有機會回顧人生，便會發現看似重複的迴圈其實是個螺旋，每一圈逐漸向上，或是在惡性循環中逐漸向下。

我們都曉得動力的基本概念。有些事需要你花大把力氣才能著手進行，但接下來要繼續做的時候就比較輕鬆了。無論是向上或向下的螺旋，人生有時彷彿會自己前進。

但在人生旅途之中，我們往往沒意識到，人生的走向很大一部分取決於我們對人生的態度。比方說，我曾在紐約的身心科診所工作，那時有個朋友被資遣。我走進她的辦公室，說：「珍娜，很遺憾你遇到這樣的事，但也許有一天你回想現在，會發現這樣對你最好。」

她笑了，「我是不知道這件事有沒有特別的意義，但我會把這變成最好的發展。」

她如此從容接受境遇，態度樂觀，令我大為感動。接受使她獲得正向改變的動力，使人生軌跡呈現向上的螺旋。她決心從這件事當中找出機會與好處，那些益處終將到來。假如她認定被資遣絕對是最糟的狀況，深陷於執念之中，那麼她創造的動力勢必會使她最害怕的結果成真。

“世事並無好壞，端看人的想法。”

——威廉·莎士比亞

細胞的態度

在《當心靈遇上科學》這支影片當中，喬・迪斯本札博士（Dr. Joe Dispenza）解釋，意念真的會形塑身體。一個新細胞誕生時，不光只是複製舊的細胞；新細胞會包含受體，能夠接收最初造成細胞分裂的胜肽。假如原本的細胞充滿「負面」胜肽（例如因憂鬱而產生的胜肽），那麼新細胞內也會有比較多受體能接收與憂鬱有關的胜肽。由此可知，思考與感受會創造不同的新細胞。假如你憂鬱了一個小時，你創造的細胞中會有更多受體能夠吸引與憂鬱有關的胜肽。當下的態度將產生動力，促使你邁向不同的未來。

隨著每分每秒流逝，你這一刻的想法、信念與感受都會愈來愈真實。我們可以創造戰爭，也可以創造和平。

轉變三問

以下三個發人省思的問題，能幫助你用不同觀點看待事物，主動催化轉變，放下抗拒，順應現實，開創可能。想想每個問題，看看是否獲得什麼啟發。

* 面對當下的事件，我想做個什麼樣的人？
* 與其說我遇到這種事，這件事會不會是為了我發生的？
* 對我來說，更高層次的意義是什麼？宇宙邀請我如何成長或如何回應？

這個動力的概念處處可見；重點不在於你遇到什麼事，而在於你如何應對你遇到的事。二〇一三年，健康心理學家凱莉・麥高尼格（Kelly McGonigal）發表TED演講〈如何讓壓力成為你的朋友〉，根據她的研究，造成心臟病發的不是壓力，而是人對壓力的想法。假如你認為壓力對心臟不好（換言之，對壓力感到抗拒），那麼壓力就可能帶來不良影響。然而，假如你認為壓力對你有益，能讓你集中精神、充滿活力跟動力，因此以正面態度順應壓力，那在你面臨人生難關時，壓力反倒能使你更強大。

「正向思考的力量」跟接受、自我關懷、可能性有什麼關係？這個嘛，只要你同理自身的苦痛與掙扎，只要你對自身的抗拒敞開心胸，只要你創造轉變的條件，讓自己順應現狀，那麼你就會自然而然正向思考，全心接納不同的可能。

可能與感謝

抱持接受的觀點，能幫助你從壞事中找出好事，從野草中找出花朵。順應當前處境時，我們就有餘裕關注令我們感激的事、順遂的事，而不是那些不順遂。

我認識一個名叫黛爾的女性，丈夫離世後，她透過感謝走出悲傷。她感謝的自然不是丈夫猝逝，而是夫妻倆多年來的愛。她感謝對方成為她的丈夫，為她的人生帶來許多幸福美滿的時刻。

為了幫助失去摯愛的人轉換至感謝的觀點，有時我會這樣問：「如果我有魔法能帶走你所有的哀慟，可是也會讓你徹底忘記你愛的人……你願意嗎？」幾乎每個人的答案都是「不」。他們寧願承受失去摯愛的痛，只為保有充滿喜悅與愛的珍貴回憶。

黛爾不僅感謝過去，也感謝她因傷痛而開拓的生活方式。她認識了同樣喪夫的女性，互相分享經歷，也在以悼亡為主題的網站上發表描寫喪夫之痛的詩，其他喪親的人給了極為溫暖的回應。丈夫離開三年後，她變得比以前更寬容、更重視靈性，也更加關懷自己與他人。

感謝就像強大的鍊金術師，能把痛楚轉化為正面力量。把感謝與接受結合起來，將為你打開各種可能。

假如感謝對你來說仍有點困難，沒關係。有時候，面對某個處境，能夠保持好奇心就已經很棒了。問問自己：「不曉得這件事會不會帶來什麼好事？」或是：「如果一切注定如此，那我很好奇會有怎樣的過程跟結果？」或是：「不曉得這會帶來哪些讓我感謝的事？」或是：「假如這不光是我遇到的一件事，而是為了我才發生的，那會是什麼原因？」每個境遇都有值得學習的一課，我們只需要放輕鬆，將意義找出來。

> 感謝就像強大的鍊金術師，能把痛楚轉化為正面力量。

更上層樓

以「接受」為主題的書，免不了要談人類共同的命運：死亡。是，假如想要的話，我們大可抗拒死亡，假裝死亡永遠不會發生。我們大可輕描淡寫地接受死亡必然來臨，然後轉頭就忘了這件事；也可以迎風微笑，擁抱命運。無論如何，死亡終將到來。然而，擁抱命運、接受死亡，能將我們從恐懼的桎梏中解放，讓我們善加運用有限的生命，活出更有意義的人生。徹底接納生命有限，將使我們獲得最大的自由。

暢銷作家史蒂芬．柯維（Stephen Covey）著有《與成功有約：高效能人士的七個習慣》，其中的習慣二是「以終為始」。他認為，著手進行一項工作或計畫時，就應該清楚知道你想要的目標，然後持續往這個目標前進。

在探討習慣二時，柯維建議我們可以想像自己的喪禮，想想看大家會在喪禮上怎麼評價你，這能幫助你評估迄今為止的人生。根據柯維的概念，接受死亡能為你帶來無比清晰的願景，所以不妨在迎接每一天時先思考死亡。若是明白壽命有限，每一天自然都變得無比重要。如果你能在生命的盡頭說：「我用盡全力度過一生，珍惜時光，活出了美好、豐富、有意義的人生。」這樣不是很好嗎？你是否有辦法與死亡為友，結伴同行，敦促自己及時行樂、去愛、去接受？這麼做是否能讓你度過更圓滿的人生？

徹底接納生命有限，將使我們獲得最大的自由。

你死去的那天會是什麼樣子？

我坐在拉爾夫的床畔，死亡已經離他不遠。拉爾夫和我只見過兩次，他知道自己不久於人世，也很樂於討論這件事。我是安寧療護志工，原以為所有安寧療護病人都只想討論死亡，殊不知許多人避而不談。他們想聊天氣、聊家人、聊人生，唯獨不想聊自己快死了。在這個社會，死亡是個禁忌，就連瀕死之人也不願多談。

拉爾夫年屆八十四，他已全然接納命運，深信天使會唱著歌迎他進入天國。他說：「我不介意自己快死了，不過我真希望年輕時就體悟生命有限。」

「真的？」我問：「什麼意思？」

他說：「我的意思是，我一直知道自己會死，這是當然的。但我從來沒有用『總有一天會死』的態度去活。」

我問：「如果有，你會做什麼不一樣的事嗎？」

他微帶惆悵地答道：「我一定不會擔心那麼多。那只是在虛擲寶貴的時間。」

我等他繼續說別的想法。

「我想，我也會更享受生活，多玩樂，多放鬆。大概會更願意原諒別人。大家都只是盡己所能，不過話說回來，我也一樣。」

拉爾夫已經接受了當下的處境，他這席話完美示範了對自己與他人的關懷。拉爾夫提醒了我，生命有限，必須活得豐富。接受自己會死是一回事，但如果受有限的壽命所啟發，活出精采的人生，那就是最大的自由。

墓碑上的出生日期與死亡日期之間，那條短線就是人生。你打算怎麼活出那條短線？

一週後，我接到通知說拉爾夫安詳過世。我回想這一切，他向我示範如何心懷接受地度過人生，優雅離世，不帶一絲怨憤；我想，他應該正在跟天使一起唱歌吧。

即便路上有許多難關，生命依然是個禮物。如果用人生有限的觀點來看待這份禮物，你會發現：敞開心胸接受人生無限可能的時機，正是此刻。

在羅馬某教堂中的墓穴，有面碑文以五種語言寫道：「你的此刻是我們的過去，我們的此刻是你的未來。」

強力工具

主要技巧：開心遊戲

感謝能把接受提升到更高層次，值得多加練習。一九一三年，作家愛蓮娜．波特（Eleanor Porter）出版小說《波麗安娜》，故事中的同名女主角深受讀者喜愛。波麗安娜經常玩「開心遊戲」，在遇到不好的事情時，她會用這個方法找出其中的好事。無論何時，任何人都能從這個開心遊戲中獲益。

花點時間停下來，把注意力放在你此時感謝的五件事，必須是你正在經歷或眼前看得見的才算數。比方說，就在我寫這一段的時候……「我很開心家裡有電。」「我很開心家裡有暖氣（外面超級冷）。」「我很開心可愛的狗狗躺在我旁邊的地板上，我能聽見牠的打呼聲。」「我很開心今晚安排要跟老公共進午餐，我好期待。」「我很開心辦公室椅子很舒服，完美支撐我的腰椎，讓我能好好坐在電腦前打字。」「我很開心電腦正常運作。」諸如此類。

你也可以反其道而行，想想看你很高興當下沒發生的事。舉例來說，在這一刻，「我很開心我不在醫院。」「我很開心車子沒有爆胎。」「我很開心我沒有牙痛。」「我很開心我不是無家可歸。」「我很開心我不是在外面掃雪。」

抱持接受的態度，聚焦在讓你開心的事（正在經歷或沒有發生的都可以），就能增強、拓展對生命的感謝之心，清晰看見不同的可能。說出每件感謝的事情時，暫時閉上眼，深吸一口氣，讓感謝之情好好浸透意識，沁入骨髓。感受喜悅。品味喜悅。吸收喜悅。享受喜悅！

額外技巧：想像未來的自己

看著在當下掙扎受苦的你。接著，想像十年後那個未來的你坐在房間對面。你看起來怎麼樣？你用什麼姿態站或坐？你的穿著如何？讓未來的你觀察現在這個掙扎的你。問未來的你：「你對我有什麼看法？」「你觀察到什麼？」「我現在該注意生活中的什麼事情？」「你對我有什麼建議？」聽聽未來的你可能想對現在的你說些什麼。深呼吸，等待內在給予回應。在這端與那端之間，存在什麼樣的可能？

額外技巧：營造畫面

想像自己在一個快樂、平和的地方休憩，這個地方可以幫助內在平靜下來，激發創意、洞察與可能。

閉上眼，想一個特別的地方，可以是真實存在的，也可以是想像的。在那裡，你感到全然自在、放鬆，你真正的樣子受到接納。這也許是你兒時家中的房間，你最愛的度假地點，熱帶地區的海邊，或是夏日森林中的一塊草地。留意任何聲音、顏色、質地、氣味，或是周遭的任何細節。呼吸這個地方的氣息。徜徉在這個完全放鬆、完全快樂的地方，露出微笑，感覺這裡的魔力洗刷著你。開心地待在這裡。這是個令你深感滿足、全然接受你的地方，可能性將在這裡誕生。

後記

“在接受一件事之前，
我們什麼也改變不了。”

——卡爾・榮格

與案主晤談時，每次我都會先帶一小段正念冥想。我們會一起閉上眼，然後我說：「放鬆感受此刻，留意自己的呼吸……吸……吐……讓身體好好感覺當下。你正在這裡。在時間長河中的這一刻，讓自己溫柔地與現狀同在，接受現狀原本的面貌。」接著，我會敲響西藏頌缽三次，告訴案主「邊呼吸邊感受缽聲」，一起傾聽最後一道缽音逐漸消散。

我的案主都很喜愛這個頌缽環節。我的小獵犬庫柏有時會陪我一起晤談，就連牠也彷彿「邊呼吸邊感受缽聲」。這項單純的儀式有幾個不同的目的：在繁忙的一天當中喘口氣；在正式開始晤談前，讓案主跟我的能量同步；我能藉此機會幽微地傳達關懷與接受。儘管在這個冥想中，我不會說出關懷跟接受這兩個詞，但透過在屋內創造溫柔的氛圍，使案主感受到歡迎，等於是已經表達了這樣的想法。

讀完本書，各位想必很清楚，想要實踐更快樂、更平靜的生命體驗，自我關懷和接受正是基石。乘坐「不帶批判的接受」這條扁舟，你就能在「現狀」之河順流前行。

過去一年來，我埋頭寫作本書，全心實踐接受，讓我更加堅信接受的力量。這本書也影響了我自己的生活，使我一心一意在接受之旅前進，從抗拒走向順應，最終開創可能。我沉浸於自我關懷，反思整個過程；我一次次懷抱好奇之心，徜徉於主動接受的暖意。

接受是橋，能引領你從受苦走向覺醒，
踏上內在平靜與自我蛻變之地。

說「沒問題」就對了

在二〇〇八年的電影《沒問題先生》當中，金凱瑞飾演的主角受智者啟發，決定面對任何事都要說「沒問題」。街友需要搭便車，沒問題。朋友要他繼續喝酒，沒問題。一名女子說能用摩托車載他一程，沒問題。這個有趣的原則替他開起一連串的冒險，也為他帶來新戀情，使人生出現正面的改變。

對我而言，接受自我一向是強大的萬用策略；儘管如此，我仍好奇接受一切會是什麼樣子。我能說到做到嗎？我依然對生命中某些事物心懷抗拒，在我追求寧靜的過程中，會遇到什麼難關？

我接受這項挑戰，對一切說「我接受」：延誤、更動行程、路上有人超我的車；聽聞父親罹患攝護腺癌，我主動接受了心中的抗拒；在每段旅程中，我主動接受自己，時刻以順應為目標。兒子不回家過耶誕節？我接受。二月又有暴風雪？我接受。繼女必須緊急開刀？我接受。

有時，面對人生中的挑戰，我的反應是氣惱、難過、氣憤或恐懼，而我也接受這一切。向接受說「沒問題」，代表坦然迎接痛苦，承認痛苦，寬容對待痛苦。老天，生命可真是給了我們不少練習的機會！

我想說的是：沒錯，一整年來，抱持接受的心態、將接受視為指引之光，確實為我的生活帶來深遠而明顯的正面改變。我未必每次都能輕鬆迅速地做到，幸好我有自我關懷這個良伴，幫助我正視自己的掙扎，與許多和我有同樣遭遇的人建立連結，在過程中寬容地與自己對話。最終，無論面臨多大的困難，我都順利地順應旅程，時時關懷照顧自己。

一路上，我注意到我內心的抗拒不時小小鬆動，長久累積下來，成就了更深刻的轉變。隨著我每次順應處境，我的心也愈來愈敞開。我變得能夠放鬆接受當下發生的事，不再花那麼多力氣對抗，生活便順其自然發展。我在先前忽視之處，發現了天賜的贈禮。

還記得嗎？允許接受的過程自然發生，不代表你喜歡你接受的事，也不代表事情無可改變。這代表的是，你不帶抗拒地坦然面對當下。接受痛苦的瞬間，所受的苦就會減輕。如果你抱持關懷，真正放手，就能獲得面對未來的自由。

「願流水賜你深深安寧。
願清風賜你深深安寧。
願大地賜你深深安寧。
願星光賜你深深安寧。」
—— 凱爾特禱文

接受的藝術與力量

顯而易見，接受的藝術就是你在旅途中怎麼抉擇。你如何處理內心的抗拒？多關懷自己？是否有辦法輕鬆順應？單純「允許」一切發生就行了嗎？或者你想積極採取進一步行動？你會如何完成這個過程，端看你獨一無二的背景、需要與個性。

接受的力量則源於內在平靜與可能。當你離開緊閉的門扉，走向另一扇敞開的門，面前將展開全新的世界。藉由接受自己、接受他人、接受境遇、接受過去，你將得到自由……比你想像的更加自由。

若想提升、拓展接受的力量，自我關懷正是關鍵。原因在於，運用自我關懷面對自身、面對每種感受時，抗拒之心便隨之消逝，你會與周遭世界建立截然不同的關係。自然而然，你將對世間萬物更有憐惜之心，如此一來，你會與每個存在產生更深刻的聯繫，接受一切原原本本的面貌。有些人稱這個現象為啟蒙，有些人稱為覺醒，有些人認為這是純粹的接受。

你擁有的時間就是此刻。享受當下。活出當下。熱愛當下。接受當下。

“願接受之旅引領你邁向更高境界。”

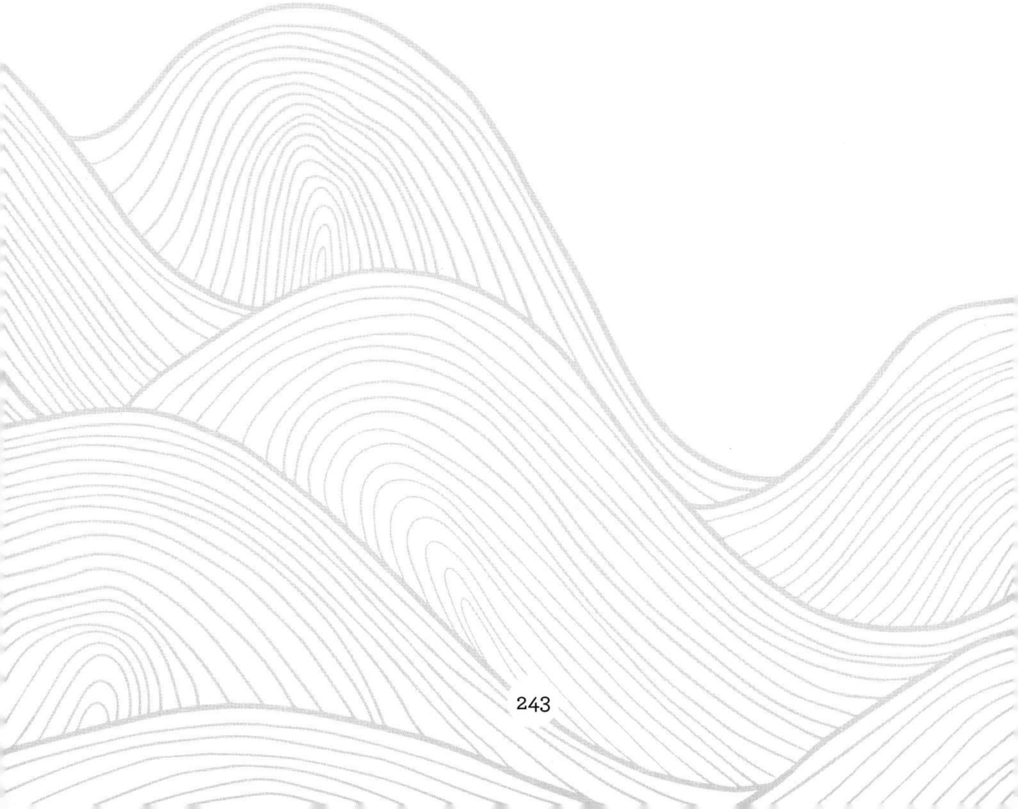

總結……

接受不是：

1

接受不是無動於衷。

2

接受不代表放棄希望。

3

接受不是軟弱。

4

接受不代表發生什麼都沒問題或是好事。

5

接受不代表事情無可改變。

接受是：

1

接受是放下抗拒。

2

接受能打開
更多可能。

3

接受會產生順流前行
的力量。

4

接受是通往內在
平靜之路。

5

接受就是自由。

參考書目與推薦閱讀

Brach, Tara, Radical Acceptance: Embracing Your Life with the Heart of a Buddha (New York: Bantam, 2004).（塔拉・布萊克，《全然接受這樣的我：18個放下憂慮的禪修練習》，橡樹林，2018）

Brown, Brene, Daring Greatly: How the Courage to be Vulnerable Transforms the Way We Live, Love, Parent, and Lead (New York: Avery, 2015).（布芮尼・布朗，《脆弱的力量》，馬可孛羅，2013）

Bush, Ashley Davis, Hope and Healing for Transcending Loss: Daily Meditations for Those Who Are Grieving (Newburyport, MA: Conari Press, 2016).

Bush, Ashley Davis, Shortcuts to Inner Peace: 70 Simple Paths to Everyday Serenity (New York: Berkley Books, 2011).

Bush, Ashley Davis, The Little Book of Inner Peace: Simple Practices for Less Angst, More Calm (London: Gaia, 2017).

Bush, Ashley Davis, Transcending Loss: Understanding the Lifelong Impact of Grief and How to Make it Meaningful (New York: Berkley Books, 1997).

Capretto, Lisa, "Eckhart Tolle Explains the Secret to Stress-free Living" (video of interview with Oprah Winfrey for Super Soul Sunday), HuffPost, https://www.huffingtonpost.com/2014/02/06/eckhart-tolle-stress_n_4732441.html, 2 June 2014, updated 6 June 2014 (accessed October 2018).

Covey, Stephen R, The 7 Habits of Highly Effective People: Powerful Lessons in Personal Change

(New York: Simon & Schuster, 2013).（史蒂芬・柯維，《與成功有約：高效能人士的七個習慣》，天下文化，2021）

Davidson, Richard J and Sharon Begley, The Emotional Life of Your Brain (New York: Avery, 2012).（理查・戴維森、夏倫・貝格利，《情緒大腦的祕密檔案：從探索情緒形態到實踐正念冥想》，遠流，2013）

Desmond, Tim, Self-compassion in Psychotherapy: Mindfulness-based Practices for Healing and Transformation (New York: W W Norton, 2016).

Desmond, Tim, The Self-compassion Skills Workbook: A 14-day Plan to Transform Your Relationship with Yourself (New York: W W Norton, 2017).

Germer, Christopher K, The Mindful Path to Self-compassion: Freeing Yourself from Destructive Thoughts and Emotions (New York: The Guilford Press, 2009).

Gilbert, Paul, and Choden, Mindful Compassion: How the Science of Compassion Can Help You Understand Your Emotions, Live in the Present, and Connect Deeply with Others (Oakland, CA: New Harbinger Publications, 2014).

Graham, Linda, Bouncing Back: Rewiring Your Brain for Maximum Resilience and Well-being (Novato, CA: New World Library, 2013).

Hanson, Rick, Resilient: How to Grow an Unshakable Core of Calm, Strength, and Happiness (New York: Harmony Books, 2018).

Harris, Russ, The Happiness Trap: How to Stop Struggling and Start Living: A Guide to ACT (Durban, South Africa: Trumpeter Books, 2008).（羅斯・哈里斯，《快樂是一種陷阱》，張老師文化，

2009）

Katie, Byron, Loving What Is: Four Questions that Can Change Your Life (New York: Three Rivers Press, 2003).（拜倫・凱蒂，《一念之轉：四句話改變你的人生》，心靈平安基金會，2007）

Korb, Alex, The Upward Spiral: Using Neuroscience to Reverse the Course of Depression, One Small Change at a Time (Oakland, CA: New Harbinger Publications, 2015).（柯亞力，《一次一點，反轉憂鬱》，張老師文化，2017）

Kornfield, Jack, No Time Like the Present: Finding Freedom, Love, and Joy Right Where You Are (New York: Atria Books, 2017).

Lesser, Elizabeth, Broken Open: How Difficult Times Can Help Us Grow (New York: Villard, 2005).（伊莉莎白・萊瑟，《破碎重生：困境如何幫助我們成長》，方智，2011）

McGonigal, Kelly, The Upside of Stress: Why Stress is Good for You, and How to Get Good at it (New York: Avery, 2016).（凱莉・麥高尼格，《輕鬆駕馭壓力：史丹佛大學最受歡迎的心理成長課》，先覺，2016）

Neff, Kristin, Self-compassion: The Proven Power of Being Kind to Yourself (New York: William Morrow, 2015).

Neff, Kristin, and Christopher Germer, The Mindful Self-Compassion Workbook: A Proven Way to Accept Yourself, Build Inner Strength, and Thrive (New York: The Guilford Press, 2018).（克莉絲汀・娜芙，《自我疼惜的51個練習：運用正念，找回對生命的熱情、接受不完美和無條件愛人》，2021）

Porter, Eleanor, Pollyanna (New York: Sterling Unabridged Classics, 2013).（愛蓮娜・波特，《波麗安娜：神奇的開心遊戲》，好人出版，2015）

Prentiss, Chris, Zen and the Art of Happiness (Malibu, CA: Power Press, 2006).

Schwartz, Richard C, You are the One You've Been Waiting For: Bringing Courageous Love to Intimate Relationships (Oak Park, IL: Center for Self Leadership, 2008).

Siegel, Dan, and Tina Payne Bryson, The Yes Brain: How to Cultivate Courage, Curiosity, and Resilience in Your Child (New York: Bantam, 2018).（丹尼爾・席格、蒂娜・佩恩・布萊森，《Yes Brain！和孩子一起說好！：正向思考的大腦：培養具有膽識、好奇心以及韌性的孩子》，時報，2019）

Taylor, Shelley E, The Tending Instinct: Women, Men, and the Biology of Nurturing (New York: Holt Paperbacks, 2002).

Tedeschi, Richard G, and Bret A Moore, The Posttraumatic Growth Workbook: Coming Through Trauma Wiser, Stronger, and More Resilient (Oakland, CA: New Harbinger Publications, 2016).

Thomas, Claude Anshin, At Hell's Gate: A Soldier's Journey from War to Peace (Boston: Shambhala Press, 2006).（克勞德・安信・湯瑪斯，《正念戰役：從軍人到禪師的療癒之旅》，法鼓文化，2007）

Tolle, Eckhart, The Power of Now: A Guide to Spiritual Enlightenment (Vancouver: Namaste Publishing, 2004).（艾克哈特・托勒，《當下的力量》，橡實文化，2015）

Williamson, Marianne, A Return to Love: Reflections on the Principles of 'A Course in Miracles' (New York: HarperOne, 1996).（瑪莉安・威廉森，《愛的奇蹟課程：透過寬恕，療癒對自己的批判》，橡實文化，2019）

致謝

本書得以出版仰賴許多人的協助，而我何其有幸能與奧多波斯出版社（Octopus Publishing）合作。出版社團隊極具天賦，在各方面都十分出色。

首先，我要感謝了不起的編輯莉安·布萊恩，她這次依然相信我想傳遞的訊息。與她攜手合作，共享願景，使夢想化為現實，帶給我無比的喜悅。我也要深深感謝波麗・普爾特的專案管理長才，以及把這本書變得如此賞心悅目的設計總監茱麗葉·諾斯威。此外，非常感謝愛麗森·沃姆利頓、柯琳·馬西歐基、MFE編輯服務、米蘭達·哈維、朱莉亞·海瑟林頓、珍妮佛·維爾、愛麗森·龔薩福的貢獻與才華。

我也要滿懷喜悅之心，感謝非凡的版權經紀人約翰·威利，他活脫脫就是每個人夢想中的經紀人。謝謝他真誠的熱情與持續不斷的支持，也多謝他寬厚、堅韌的性格。

感謝我的父母、五個孩子、兄弟姊妹，以及在這條路上所有鼓勵、支持、給過我愛的摯友與家人。

我要對靈魂姊妹瑪莎行雙手合十禮，她滿懷神聖之光與愛，能與她分享這趟旅程是我的幸運。

很榮幸在此感謝聖約翰福音協會（安立甘宗教會）的教士，將近二十年來，他們是我的避風港，也是靈性的啟發源泉。

謝謝其他許多富有智慧、啟迪人心的醫師與學者，他們的研究使我增長知識，引領我更了解自我關懷、正念、接受、內在平靜的重要。

謝謝多年來與我合作過的案主，你們教會我許多與生死有關的事，讓我有幸陪伴你們走過深刻的心與靈魂之旅。

最好的總要留到最後——謝謝我的靈魂伴侶、摯友、同事、第一位編輯、愛人與丈夫，丹尼爾·布希（Daniel Bush）。你讓我的生活充盈著愛與晶亮的魔法，我寫的每本書都在你第一手照料、支持與編輯建議之下問世，我無比幸運有你做我人生各方面的伴侶，相伴走過此世與彼岸。

接受的藝術

——不與現狀之河對抗，獲得情緒自由與力量

作者　愛希麗・戴維斯・布希
譯者　陳思穎
主編　蔡曉玲
封面設計　王瓊瑤
內頁設計　賴姵伶
校對　黃薇霓

發行人　王榮文
出版發行　遠流出版事業股份有限公司
地址　臺北市中山北路一段 11 號 13 樓
客服電話　02-2571-0297
傳真　02-2571-0197
郵撥　0189456-1
著作權顧問　蕭雄淋律師
2022 年 3 月 1 日　初版一刷
定價新台幣 380 元
（如有缺頁或破損，請寄回更換）

Printed in Taiwan
ISBN：978-957-32-9425-2
遠流博識網 http://www.ylib.com
E-mail: ylib@ylib.com

THE ART AND POWER OF ACCEPTANCE: YOUR GUIDE TO INNER PEACE

國家圖書館出版品預行編目 (CIP) 資料

接受的藝術：不與現狀之河對抗，獲得情緒自由與力量 / 愛希麗 . 戴維斯 . 布希 (Ashley Davis Bush) 著；陳思穎譯 . -- 初版 . -- 臺北市：遠流出版事業股份有限公司，2022.03
面；　公分
譯自：The art and power of acceptance.
ISBN 978-957-32-9425-2(平裝)
1.CST: 自我肯定 2.CST: 自我實現
177.2　　　110022822